INTERPRETATIONSHILFE DEUTSCH

Patrick Süskind

Das Parfum

Interpretiert von Friedel Schardt

STARK

Bildnachweis
Umschlagbild: © Zefa visual media
Seite 1, 7, 47: Fragonard Parfumeur, Grasse
Seite 3: Harenberg Kommunikation Verlags- und Medien GmbH & Co. KG, Dortmund: Schauspielführer, S. 1069
Seite 22, 25, 27, 50: Grasse Tourisme, France

ISBN-13: 978-3-89449-539-8
ISBN-10: 3-89449-539-1

D-85318 Freising · Postfach 1852 · Tel. (0 81 61) 1790

Inhalt

Autor: Friedel Schardt

Vorwort

Liebe Schülerin, lieber Schüler,

mit Süskinds *Parfum* lernen Sie eine motivierende und spannende Lektüre kennen. Die Interpretationshilfe will Ihnen in Ihr Leseverhalten oder Ihr erstes Verstehen nicht hineinreden, vielmehr unterstützt sie Sie, wenn Sie sich auf einzelne Themen zum Unterricht, auf eine Klausur oder das Abitur vorbereiten.

Sie werden zunächst kurz mit dem **Autor** bekannt gemacht, ehe Sie kapitelweise an den **Inhalt** des Textes erinnert werden.

Im Rahmen der **Textanalyse und Interpretation** sehen Sie wichtige **Stationen der Handlung**. Die für den Roman relevanten **Räume** und ihre Bedeutung für den Helden werden anschließend vorgestellt. Die **Charakterisierung der Hauptfigur** nimmt einen weiten Raum ein. Dabei wird Grenouille nicht nur als Mörder oder Scheusal gesehen, sondern auch als Genie, das alles in den Dienst seines Lebenswerks stellt.

Wenn man auch nicht eigentlich von einer **Konfiguration** in dem Roman sprechen kann, so gibt es doch einige Figuren, die von Bedeutung für Grenouille sind. Sie werden Ihnen im Detail vorgestellt und in ihrer Bedeutung erläutert.

Sie werden zudem mit eher formalen, erzähltechnischen Gegebenheiten konfrontiert, wenn **zentrale Motive** des Romans sowie einzelne **Erzählstrategien** und das Verhältnis des Erzählers zu seinen Figuren, aber auch Auffälligkeiten in der **Sprachverwendung** erörtert werden. Einige **Schlüsselstellen** werden mit Blick auf mögliche Klausuren exemplarisch interpretiert.

Am Schluss stehen Hinweise zur **Rezeption** und **Einordnung** des Romans sowie Tipps zu **weiterführender Literatur**.

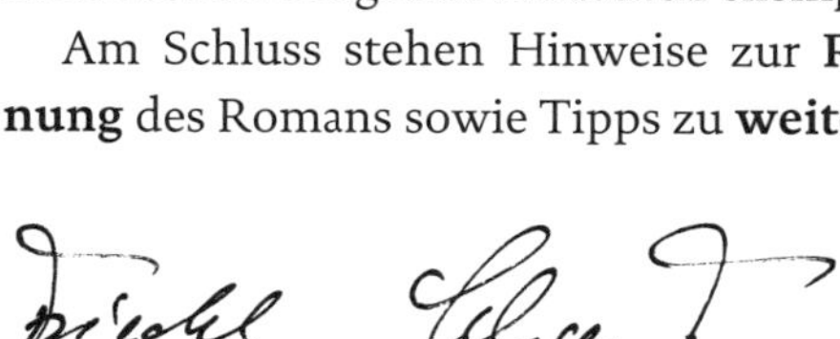

Friedel Schardt

Einleitung

Der 1985 erschienene Roman Patrick Süskinds stellt zweifellos eines der meistgelesenen Werke der deutschen Gegenwartsliteratur dar. Ziemlich schnell hat er auch in den Deutschunterricht Eingang gefunden und wird dort unter den verschiedensten Gesichtspunkten behandelt. Im Zentrum steht wohl immer die Figur des **Scheusals** und **Genies Grenouille**, die den Leser zwischen Faszination und Abscheu, zwischen Bewunderung und Verdammung wechseln lässt.

Parfumflacons mit edlem Inhalt

Wahrscheinlich ist es der für den „normalen Menschen" unbegreifliche, wohl aber wahrnehmbare **genialische Zug**, der die Figur so attraktiv macht, diese außergewöhnliche Begabung mit all ihren positiven und negativen Konsequenzen.

Dem „Normalverbraucher", zu dem sich vermutlich der Leser zählen muss, bleibt die **Ausnahmeleistung** zeitlebens versagt. Ihm bleibt nur die Bewunderung des Genies.

Freilich sehen wir uns auch konfrontiert mit der zentralen Frage nach einer Orientierung bzw. der **Orientierungslosigkeit** des Ausnahmemenschen. Weil sich in Grenouille Genie und Scheusal vereinigen, wird die Figur für uns interessant. Diese Tatsache hebt sie in besonderer Weise heraus und führt sie als Modell vor Augen. Wir müssen uns ihr stellen, unsere Sympathie wie Antipathie artikulieren und anhand des – freilich ins Extrem-Monströse gesteigerten – Beispiels eine Antwort finden auf die Frage nach den Ansprüchen, die das autonome Genie an sich und die Welt stellt.

Über den Autor Patrick Süskind

Patrick Süskind

Von Patrick Süskind wissen wir sehr wenig. Kaum eine bedeutende Gestalt der Literaturszene hält sich so sehr im Hintergrund wie er. Eine seiner Filmfiguren, der Bestsellerautor Jakob Windisch im Film *Rossini,* stellt wohl eine autobiografische Skizze des Drehbuchautors Süskind dar. Schrullig zurückhaltend vermeidet er die Öffentlichkeit und lehnt alle Angebote zur Verfilmung seiner Bücher mit der Begründung ab, er wolle sie gegen Verfälschungen schützen. Nur beim *Parfum* ließ Süskind sich überreden: Bernd Eichinger erwarb die Filmrechte vom Diogenes Verlag im Januar 2001.

Am 26. März 1949 wurde Patrick Süskind in Ambach am Starnberger See geboren. Sein Vater, Wilhelm Emanuel Süskind, Schriftsteller, Übersetzer und Redakteur bei der *Süddeutschen Zeitung*, wurde vor allem bekannt als Mit-Autor des viel beachteten Buches *Aus dem Wörterbuch eines Unmenschen.*

In Holzhausen, einem kleinen bayrischen Dorf, besuchte Süskind die Schule. Später, nach Abitur und Zivildienst, studierte er von 1968 bis 1974 in München Geschichte und verbrachte ein Auslandsstudienjahr in Aix-en-Provence. Nach Abschluss des Studiums lebte er als freier Schriftsteller und machte sich, wie er selbstironisch bemerkt, „als Autor von kürzeren, unveröffentlichten Prosastücken und längeren, unverfilmten Drehbüchern" einen Namen.

1981 wurde sein einaktiger Monolog *Der Kontrabaß* in München uraufgeführt. Mit ihm gelang ein erster Durchbruch am Theater. In der Saison 1984/85 gab es 20 Inszenierungen mit über 500 Aufführungen des Stückes, das damit zu dem meistgespielten Theaterstück der Saison wurde. Im Mittelpunkt des Schauspiels steht die komisch-tragische Figur eines Orchestermusikers, der mit sich selbst wie mit seinem Instrument und seiner Bedeutungslosigkeit so viele Probleme hat, dass er in nörgelnden Fatalismus verfällt.

Bereits ein Jahr vorher hatte Süskind schon Erfolg als Mit-Autor des Drehbuchs zur Fernsehserie *Monaco-Franze – Der ewige Stenz* (1983). Vier Jahre später arbeitete er am Fernsehdrehbuch zu *Kir Royal – Aus dem Leben eines Klatschreporters* mit. Für sein Drehbuch zum Kinofilm *Rossini – oder die mörderische Frage, wer mit wem schlief*, das er zusammen mit Helmut Dietl schrieb, erhielt er 1996 den Drehbuchpreis des Bundesinnenministeriums.

Sein Roman *Das Parfum* verhalf Patrick Süskind 1985 zu einem endgültigen Durchbruch und machte ihn zu dem wohl weltweit bekanntesten deutschsprachigen Gegenwartsautor. Das Buch wurde nicht nur zum Bestseller – die Startauflage von über 100 000 Exemplaren war bereits nach wenigen Monaten vergriffen –, sondern auch zu einem Longseller: Neun Jahre lang hielt es sich auf der *Spiegel*-Bestsellerliste. Inzwischen ist der Text in ca. 37 Sprachen übersetzt und wurde über 12 Millionen Mal verkauft.

Noch immer legt Patrick Süskind keinen Wert auf Popularität. Er tritt kaum in der Öffentlichkeit auf und gibt keine Interviews. Äußerst zurückgezogen lebt er in München und in Frankreich (vermutlich in Paris und Montolieu).

Inhaltsangabe

Erster Teil

1. Kapitel (S. 5–11)

Am allerstinkendsten Ort Frankreichs, auf einem Fischmarkt in Paris, wird am 17. Juli 1738 Jean-Baptiste Grenouille geboren. Seine ledige Mutter, eine Fischverkäuferin, versucht den Säugling los zu werden, wird aber ertappt, zum Tode verurteilt und hingerichtet. Das Kind kommt in die Obhut eines Klosters und wird an eine Amme weitergegeben.

2. Kapitel (S. 11–18)

Die Amme gibt den Säugling nach kurzer Zeit zurück. Als Grund gibt sie an, das Kind rieche nicht und das sei ihr unheimlich.

3. Kapitel (S. 18–25)

Pater Terrier, eher kritisch-rational eingestellt, zweifelt an den Aussagen der Amme, muss sich aber doch davon überzeugen, dass das Kind tatsächlich keinen Eigengeruch hat. Weiterhin stellt er fest, dass es seine Umwelt mit der Nase wahrnimmt. Er übergibt den Säugling an Madame Gaillard.

4. Kapitel (S. 25–30)

Madame Gaillard hat ihren Geruchssinn ebenso verloren wie die Fähigkeit, etwas zu empfinden. Sie ist geeignet, den Säugling aufzunehmen. Bei ihr gedeiht er, übersteht alle Krankheiten und erweist sich dabei als äußerst zäh.

5. Kapitel (S. 31–40)
Grenouille gilt bei den anderen Zöglingen als Außenseiter und wird gemieden. Relativ spät lernt er sprechen, konzentriert sich dabei aber auf die Bezeichnung von konkreten Dingen, die er riechen kann. Seine mit dem ausgeprägten Geruchssinn zusammenhängenden Fähigkeiten machen ihn jetzt auch für Madame Gaillard unheimlich. Sie übergibt ihn dem Gerber Grimal.

6. Kapitel (S. 40–43)
Grenouille ist ein Musterbeispiel an Anspruchslosigkeit und Arbeitswillen und überlebt beim Gerber selbst den bösen Milzbrand.

7. Kapitel (S. 43–49)
Grenouille erriecht sich die Stadt und die Umgebung. Dabei lernt er auch erste Parfums kennen.

8. Kapitel (S. 49–58)
Am 1. 9. 1753 begegnet Grenouille dem ganz großen Duft. Er folgt ihm durch die Stadt und tötet die Quelle des Duftes, ein Mädchen, um ihr den Duft zu entlocken. Mit ihm besitzt er die zentrale Orientierung, von der aus er eine systematische Ordnung in seine Welt der bisher gesammelten Gerüche bringt.

9. Kapitel (S. 59–62)
Baldini, ein berühmter Parfümeur, hat in seinem Haus und Laden Unmengen an Düften gesammelt.

10./11. Kapitel (S. 62–77)
Baldini ist nicht mehr fähig, einen neuen Duft zu kreieren. Er stellt Betrachtungen über den Fluch der modernen Welt an, die ununterbrochen nach Neuem sucht und mit dem, was bisher erreicht wurde, nicht zufrieden ist. Veranlasst wird das Räso-

nieren des Parfümeurs durch einen Auftrag: Er soll Leder mit einem Parfum beduften, welches die Konkurrenz erst neu auf den Markt gebracht hat.

Parfumherstellung

12. Kapitel (S. 78–82)
Baldini beginnt mit der Analyse des Parfums „Amor und Psyche“ der Konkurrenz.

13./14. Kapitel (S. 82–104)
Beim Versuch der Analyse scheitert er. In dem Augenblick taucht Grenouille auf und bringt die Häute, die mit dem neuen Parfum zu beduften sind. Gleich stellt er sein Können unter Beweis: Er identifiziert und analysiert das neue Parfum ohne Probleme. So erregt er Baldinis Interesse. Der gestattet ihm, das neue Parfum zu mischen.

15. Kapitel (S. 104–112)
Gegen alle Regeln der Parfümeurzunft macht sich Grenouille ans Werk und es gelingt ihm, den Duft herzustellen. Baldini kann das nicht begreifen, erkennt aber, dass er ein Genie vor sich hat. Grenouille verwandelt das schlechte Parfum in ein gutes. Dieses erste von ihm kreierte Parfum ist gleich überwältigend.

16. Kapitel (S. 112–114)
Baldini handelt Grimal den Lehrling Grenouille ab.

17. Kapitel (S. 114–122)

Mit dem Erwerb Grenouilles beginnt der Aufstieg Baldinis. Alles, was künftig produziert wird, wird ein Erfolg. Grenouille erlernt nun Sprache und Handwerk der Parfümeure. Er will alle Verfahren kennen lernen, mit denen man Duftstoffe isolieren und herstellen kann.

18. Kapitel (S. 122–127)

Er erlernt verschiedene Techniken der Duftgewinnung. Insbesondere beschäftigt er sich mit dem Destillieren.

19. Kapitel (S. 128–130)

Grenouille glaubt, ein Verfahren zu besitzen, allen Dingen ihren Geruch zu entreißen. Er scheitert aber in mehreren Versuchen und erkrankt lebensgefährlich.

20. Kapitel (S. 130–137)

Baldini hat inzwischen hochfliegende Pläne entwickelt und befürchtet, all diese Pläne aufgeben zu müssen, wenn Grenouille stirbt. Deshalb setzt er alles daran, ihn am Leben zu erhalten. Als die Krankheit ihren Höhepunkt erreicht, erfährt Grenouille, dass es noch andere Möglichkeiten gibt, um aus einem Körper Duft zu gewinnen. Dieses Wissen lässt ihn innerhalb einer Woche genesen.

21. Kapitel (S. 137–141)

Grenouille möchte nun den Gesellenbrief als Parfümeur haben und nach Grasse ziehen, um dort die neuen Techniken zu erlernen. Ihm fehlen allerdings alle Voraussetzungen für die Erlangung des Gesellenbriefs. Baldini verspricht aber, Wohlverhalten vorausgesetzt, ihm dazu zu verhelfen. So bleibt er weitere drei Jahre im Dienst Baldinis. Schließlich erhält er die ersehnte Urkunde und zieht los.

22. Kapitel (S. 141–145)

Baldini sieht einem erfolgreichen weiteren Leben entgegen. In der Folgenacht allerdings bricht sein Haus aus der Brücke heraus, stürzt in die Seine und Baldini mit seiner Frau kommen um.

Zweiter Teil

23. Kapitel (S. 147–152)

Grenouille wandert nach Süden. Je weiter er sich von Paris entfernt, umso mehr entfernt er sich von den Menschen. Zunehmend gewöhnt er sich an die reine Luft und empfindet eine deutliche Befreiung. Schließlich wandert er nur noch nachts und umgeht menschliche Behausungen.

24. Kapitel (S. 152–155)

So gelangt Grenouille zum menschenfernsten Punkt des Königreichs Frankreich, im Zentralmassiv der Auvergne auf den Gipfel des Berges Plomb du Cantal. Seine Nase bestätigt ihm, dass er nun an dem Punkt angekommen ist, der am weitesten von den Menschen entfernt liegt.

25. Kapitel (S. 155–158)

In der äußerst unwirtlichen Umgebung richtet sich Grenouille ein, findet Wasser und Nahrung sowie einen Stollen, den noch kein lebendes Wesen zuvor betreten hat. Nur wenn es unbedingt sein muss, verlässt er diese Gruft. Einerseits lebt er äußerst karg, was die äußeren Umstände, seine Ernährung und Lebenserhaltung betrifft, andererseits führt er ein für seine Verhältnisse recht ausschweifendes Leben.

26. Kapitel (S. 158–163)
Schauplatz der Ausschweifungen ist sein „inneres Imperium“, wo er Herr über die von ihm gesammelten Gerüche ist. In seinem Reich herrscht er uneingeschränkt, hier schafft er Ordnung, ja er schafft diese Welt gewissermaßen neu und sieht sich als ihren Schöpfer.

27. Kapitel (S. 163–168)
In seinem Reich feiert Grenouille Geruchsorgien, berauscht sich an den Düften, deren er sich erinnert. Seine Orgien krönt er immer wieder mit dem Genuss des Duftes von dem ermordeten Mädchen.

28. Kapitel (S. 169–170)
Grenouille verbringt sieben Jahre in der selbst gewählten Einsamkeit.

29. Kapitel (S. 170–176)
Nach sieben Jahren tritt eine „Katastrophe“ ein: Grenouille erkennt, dass er selbst ohne Geruch ist. Mit diesem Wissen, das ihm Angst einjagt, verlässt er die Höhle und zieht noch in derselben Nacht weiter.

30. Kapitel (S. 176–186)
Er erreicht in einem Furcht erregenden Zustand die Stadt Pierrefort, erfindet eine Geschichte, die seinen Zustand erklärt, und wird dem Marquis de la Taillade-Espinasse überstellt. Der hat bisher einige verschrobene Ideen zu allen möglichen Themen entwickelt, darunter auch eine Theorie, wonach ein „Fluidum letale“, von der Erde verströmtes Verwesungsgas, alle Lebewesen zwinge, sich entweder von der Erde zu entfernen oder zu sterben. In Grenouille sieht der Marquis den Beleg für seine Theorie. Entsprechende Experimente werden in Montpellier angestellt

und scheinen alles zu bestätigen. Aus Grenouille wird eine wissenschaftliche Sensation. Nach einer Kur wird er gewaschen, geschminkt und neu eingekleidet. So gewinnt er menschliches Aussehen. Er erkennt, dass es nicht das Experiment des Marquis war, das aus ihm einen Menschen machte, sondern die kosmetische Maskerade.

31. Kapitel (S. 186–194)
Für eine Stunde darf er die Werkstatt eines Parfümeurs benutzen. Dort stellt er sich nun einen Duft her, der ihn auch olfaktorisch (geruchlich) als Menschen erscheinen lässt.

32. Kapitel (S. 194–200)
Grenouille riecht erstmals in seinem Leben wie ein Mensch und erkennt, dass er mithilfe des Geruchs, den er selbst hergestellt hat, Wirkung auf Menschen ausüben kann. So fasst er den Plan, einen Duft zu kreieren, der die Menschen zwingt, ihn zu lieben.

33. Kapitel (S. 200–204)
Der Marquis stellt der gelehrten Gesellschaft den veränderten Grenouille vor. Er behauptet, dies sei die Folge einer Therapie, die seine Theorie bestätigt. Der Marquis wird gefeiert.

34. Kapitel (S. 204–208)
Nach einigen Wochen verlässt Grenouille Montpellier unbemerkt. Die Lehre des Marquis verbreitet sich immer weiter. Er selbst schwingt sich zu einem neuen, noch größeren Experiment auf und will im Winter drei Wochen auf dem höchsten Berg der Pyrenäen verbringen, um als Jüngling wieder herabzusteigen. Er verschwindet und wird nicht mehr gesehen.

Dritter Teil

35. Kapitel (S. 209–219)

Grenouille setzt seine Reise durch Frankreich fort und erreicht in wenigen Tagen Grasse, die Produktions- und Handelsmetropole für Duftstoffe. Bei seinem ersten Erkundungsgang durch Grasse begegnet er neben vielen Gerüchen und Düften einem ganz besonderen Duft, dem Geruch des rothaarigen Mädchens, das er in Paris ermordet hatte. Ursprung des Duftes ist wieder ein rothaariges Mädchen, noch ein Kind. In Grenouille entsteht der Entschluss, diesen Duft besitzen zu wollen. Allerdings will er noch zwei Jahre warten, bis das Kind im entsprechenden Alter ist. Bis dahin wird er seine handwerklichen Fähigkeiten vervollkommnen.

36. Kapitel (S. 219–225)

Grenouille kommt in einem kleinen Parfümeuratelier als zweiter Geselle unter. Er erlernt schnell die notwendigen Handgriffe und neuen Techniken. Vor allem lernt er die Mazeration kennen, eine Technik, die es erlaubt, einen Duft von höchster Intensität, die so genannte „Essence Absolue", herzustellen.

37. Kapitel (S. 226–231)

Grenouille ist bald in der Lage, den gesamten Arbeitsprozess allein in Gang zu halten. Mehr und mehr beginnt er auch mit eigenen Experimenten und lernt dabei die Technik der „kalten Enfleurage" kennen, ein Mittel, auch zartere Düfte einzufangen und zu konservieren. Er lebt im Übrigen unauffällig und nimmt kaum am gesellschaftlichen Leben teil.

38. Kapitel (S. 231–240)

Im Atelier experimentiert Grenouille weiter. Er schafft sich eine Vielzahl persönlicher Düfte für verschiedene Gelegenheiten.

Weil er erkannt hat, wie Menschen getäuscht werden können, ist er in der Lage, sich zu schützen und auf die Jagd nach subtilen Düften zu gehen. Er experimentiert weiter im Bereich der Gewinnung und Konservierung von Düften und macht erstaunliche Fortschritte. Nicht nur leblosen Dingen gewinnt er ihren Geruch ab, sondern auch lebenden Objekten. Sogar den Individualgeruch eines Menschen in konzentrierter Form kann er gewinnen und konservieren.

39. Kapitel (S. 240–246)

Die Witwe Arnulfi, seine Arbeitgeberin, ehelicht den ersten Gesellen. Grenouille wird damit im Atelier und bei der Arbeit noch selbstständiger. Gleichzeitig aber stellt er fest, dass der besondere Duft, hinter dem er her ist, mehr und mehr heranreift. Allerdings stellt sich bei ihm die Befürchtung ein, der Duft, besitzt er ihn einmal, werde vergänglich sein. Aber dieses Stadium überwindet er. Es wird ihm klar, wie man auch im Bereich der Düfte alles so organisieren kann, dass ein Duft über Jahre und Jahrzehnte erhalten bleibt, ja, dass er sich noch steigern lässt, wenn er mit entsprechenden anderen Düften kombiniert wird. So setzt er sich zum Ziel, den Duft des Mädchens nicht pur zu verwenden, sondern ihn zu kombinieren. Der Duft soll gewissermaßen gefasst werden wie ein Edelstein.

40. Kapitel (S. 246–253)

Im Mai dieses Jahres findet man ein ermordetes junges Mädchen in einem Rosenfeld. Es ist nackt und die Haare sind abgeschnitten. Verschiedene Gruppen werden verdächtigt, allerdings lässt sich nichts beweisen. Im Juni findet man wiederum ein ermordetes Mädchen des gleichen Typs, wiederum ist es nackt, hat eine Wunde am Hinterkopf und die Haare sind abgeschnitten. Vom Täter fehlt jede Spur. Die Bevölkerung wird unruhig, schärfste Kontrollen werden durchgeführt, ein Ausgangsverbot für weibliche Personen wird verhängt. Alle Maßnahmen bleiben ohne Erfolg. Es vergeht kaum eine Woche, in der nicht die Leiche eines jungen Mädchens gefunden wird. Alle sind sie vom gleichen Typ, immer fehlen die Kleider und die Haare. Die Obrigkeit ist machtlos. Es wird kein Motiv erkennbar. Plötzlich, wie sie begonnen haben, hören die Morde auf.

41. Kapitel (S. 253–257)
Antoine Richis, der reichste Mann und zweite Konsul in Grasse, traut dem Frieden nicht. Er hat eine Tochter im entsprechenden Alter, die außergewöhnlich schön ist. Er bewacht Laure besonders intensiv und sorgfältig, möchte aber noch mehr tun und beabsichtigt, seine Tochter möglichst bald günstig zu verheiraten.

42. Kapitel (S. 257–261)
Richis denkt konzentriert nach und zieht Schlüsse aus den bisherigen Morden. Er sieht zwar nicht den Zusammenhang zwischen den Gerüchen und den Morden, kommt aber mit seinen Überlegungen Grenouille auf die Spur und erkennt, dass seine Tochter gewissermaßen den Schlussstein im Gebäude des Mörders bilden muss. Diese Folgerung versetzt ihn zunächst in Schrecken, dann aber gibt sie ihm eine gewisse Sicherheit, denn er glaubt, sich nun entsprechend verhalten zu können.

43. Kapitel (S. 261–266)
Kurz entschlossen veranlasst Richis einen Umzug für sich und seine Tochter nach Grenoble. Schon am Folgetag setzt sich die kleine Karawane in Bewegung. Allerdings täuscht Richis die Richtung Grenoble nur vor. In Wirklichkeit will er unerkannt die Küste erreichen und dann zu einer Insel übersetzen.

44. Kapitel (S. 267–272)
Grenouille bereitet seinen letzten und größten Coup vor. Nach Abschluss der Vorbereitungen aber muss er befürchten, sein Opfer sei bereits tot. Er erfährt von der Abreise und macht sich zur Verfolgung auf. Seine Nase ist nicht zu täuschen und führt ihn auf den richtigen Weg. So holt er Richis ein und quartiert sich als Gerbergeselle im gleichen Gasthaus wie Richis ein.

45. Kapitel (S. 272–279)
Grenouille gelangt unbemerkt in Laures Zimmer und tötet sie mit einem Keulenschlag. Er wickelt sein Opfer in das vorbereitete Fetttuch ein und muss sechs Stunden warten, bis das Fett den Duft aufgenommen hat. Die Wartezeit gibt ihm Gelegenheit, seine Situation zu überdenken und zu dem Schluss zu kommen, er müsse sich selbst danken, weil er so ist, wie er ist.

46. Kapitel (S. 279–282)
Vor Beginn der Morgendämmerung vollendet Grenouille seine Arbeit und entkommt unbemerkt.

47. Kapitel (S. 282–287)
Schnell verbreitet sich die Nachricht vom neuen Mord. Die Bevölkerung wird unruhig und zwingt die Obrigkeit zu intensiver Nachforschung. Schließlich gerät Grenouille in Verdacht, wird erkannt und gefasst.

48. Kapitel (S. 287–295)
Der Prozess wird sehr rasch eröffnet und geht zügig voran. Am 5. April 1746 wird das Urteil gefällt. Grenouille soll auf grausame Art hingerichtet werden. Mit großem Aufwand wird die Exekution vorbereitet.

49. Kapitel (S. 296–308)
Der Platz füllt sich am Tag der Hinrichtung schon früh, die Tribüne und die Fenster der umliegenden Häuser sind besetzt, der gesamte Adel ist anwesend. In einer Kutsche wird Grenouille vorgeführt. Er entsteigt dem Gefährt und dann geschieht gewissermaßen ein Wunder: Das von Grenouille geschaffene neue Parfum betört die zehntausend anwesenden Menschen, die immer mehr Sympathie für den Mörder entwickeln, ihn lieben und schließlich anbeten. Die Wirkung des Parfums entfaltet sich weiter, die Menge gerät in einen Taumel, der in eine Massenorgie und schließlich in ein infernalisches Chaos übergeht. Grenouille sieht sich als Gott und hat endlich alles erreicht: Er ist der große Grenouille. Gleichzeitig aber steigt der Ekel vor den Menschen in ihm auf und vergällt ihm seinen Triumph. Er erkennt, dass er nur im Hass Befriedigung findet. In dem Augenblick sieht sich Grenouille konfrontiert mit der Erinnerung an sein schlimmstes Erlebnis am Plomb du Cantal, erinnert sich seiner Geruchlosigkeit. Was dort Traum war, ist nun Wirklichkeit geworden.

50. Kapitel (S. 308–314)
Richis nimmt ihn bei sich auf, tötet aber Grenouille nicht, sondern umsorgt ihn sanft, will ihn sogar an Sohnes statt annehmen. Grenouille tut so, als schlafe er ein. Richis entfernt sich und Grenouille ergreift die Flucht. Er verlässt die Stadt und macht sich wiederum auf den Weg. Die Bewohner von Grasse und Teilnehmer an der durch das Parfum hervorgerufenen Orgie wollen das Geschehene möglichst schnell vergessen. Der Fall G. gilt als erledigt. Ein Ersatzschuldiger ist schnell gefunden, wird zum Tode verurteilt und hingerichtet.

Vierter Teil

51. Kapitel (S. 315–320)

Grenouille wandert nachts und kommt wieder am Plomb du Cantal vorbei, aber es verlangt ihn nicht hinzulaufen. Er will nach Paris gehen, um zu sterben. Einerseits sieht er sich am Ziel all seines Strebens, er hat das Parfum schlechthin entdeckt und entwickelt. Andererseits aber weiß er, dass all seine Macht nicht ausreicht, ihn vor sich selber riechen zu machen. An einem heißen Tag erreicht er Paris. Wiederum handelt es sich um einen Tag, an dem die Stadt besonders stinkt. Durch die verpestete Luft wandert Grenouille bis zu den Hallen und weiter zum Cimetière des Innocents. Dort herrscht nur noch Leichengestank. Erst lange nach Mitternacht belebt sich der Ort mit allem möglichen Gesindel. Grenouille mischt sich unter das Pack und übergießt sich mit seinem Parfum. Die Menschen um ihn herum bilden einen Kreis, der sich immer enger schließt. Das Parfum lässt sie die letzten Hemmungen verlieren, sie fallen über Grenouille her und fressen ihn auf. Sie, der Abschaum der Menschheit, die bisher vor keinem Mord zurückschreckten, sind außerordentlich stolz: Sie haben zum ersten Mal „etwas aus Liebe getan“.

Textanalyse und Interpretation

1 Stationen der Handlung

Die Handlungsstruktur des Romans ist linear: Sie entspricht dem Lebensweg der Hauptperson mit den einzelnen Stationen.

Jean-Baptiste Grenouille wird am 17. 7. 1738 als uneheliches Kind einer Fischverkäuferin geboren. Sein Geburtsort zeichnet sich aus durch ganz besonderen Gestank. Unter dem Schlachttisch einer Fischbude in der Nähe des Friedhofs Cimetière des Innocents stößt Grenouille seinen ersten Schrei aus und wehrt sich damit gegen den Versuch seiner **Mutter**, ihn umzubringen und damit das Problem des unehelichen Kindes aus der Welt zu schaffen. Er entscheidet sich gewissermaßen mit seinem „ersten wohlerwogenen Schrei gegen die Liebe und dennoch für das Leben“ (S. 28). Die Mutter wird verurteilt und hingerichtet.

Grenouille kommt als Waisenkind in die Obhut eines Klosters. Das Kloster gibt ihn weiter an eine **Amme**, die ihn versorgen soll. Diese aber weigert sich nach kurzer Zeit und begründet es damit, das Kind rieche nicht und das sei unheimlich. Es fällt auf, dass schon der Säugling besonders intensiv mit seiner Nase die Umwelt wahrnimmt. Das Kloster gibt den Knaben an Madame Gaillard weiter, diese ist aufgrund eines Defekts – sie hat keinen Geruchssinn und ihre Emotionalität ist verschwunden – besonders geeignet, den auffälligen Jungen zu versorgen.

Madame Gaillard ist streng, aber gerecht. Grenouille wächst bis zu seinem achten Lebensjahr bei ihr auf. Er erscheint meist als Außenseiter, wird von den Mitzöglingen drangsaliert und Gefahren ausgesetzt, überlebt jedoch immer wieder. Er lernt sehr spät sprechen und erlernt in der Regel nur die Bezeichnungen für die Gegenstände, die er auch riechen kann. Er nimmt so seine gesamte Umwelt vor allem über die Nase wahr. Als er acht Jahre alt ist, stellt das Kloster die Zahlungen ein und Madame Gaillard sieht keinen Grund, den Jungen weiter zu verköstigen.

Sie gibt ihn weiter an den Gerber **Grimal**. Als Gerbergehilfe trifft er auf äußerst widrige Lebensumstände. Dabei stört ihn der Gestank noch am wenigsten, denn der kommt seinem Geruchssinn geradezu entgegen. Die Arbeit selbst aber ist äußerst gefährlich und bringt ihm auch einen Milzbrand ein, den er überlebt. Er verrichtet seine Arbeit äußerst sorgfältig und erhält immer mehr Freiheiten, sodass er mehr und mehr seine Umgebung und schließlich ganz Paris geruchlich erkunden kann. Vorläufig registriert er alle Gerüche und bewahrt sie in seinem Gedächtnis ungeordnet auf. Eines Tages fällt ihm ein Geruch ganz besonders auf. Er verfolgt ihn und trifft auf ein Mädchen als seine Quelle. Er bringt das Mädchen um, um in den Besitz ihres Geruchs zu kommen. In dem Duft des Mädchens sieht er das Höchste überhaupt, die zentrale Orientierung. Es wird ihm möglich, die bisher bunt gesammelten Gerüche zu ordnen, ein System in seine geruchliche Welt zu bringen.

Grenouille lernt **Baldini**, einen berühmten Parfümeur, kennen und beschließt sofort, bei ihm in die Lehre zu gehen. Baldini erkennt die besondere Begabung Grenouilles und gibt ihm eine Chance. Erstmals entfaltet Grenouille seine genialen Fähigkeiten, denn er kopiert und verbessert für Baldini ein Parfum der Konkurrenz.

Grenouille komponiert nun immer neue Düfte, die zu einer Blüte des im Niedergang begriffenen Geschäfts Baldinis führen. Er wünscht den Gesellenbrief und erhält die Zusicherung, ihn zu bekommen, wenn er sich weiterhin wohl verhalte.

Bei Baldini erlernt Grenouille wichtige Techniken der Duftgewinnung und Konservierung. Als er erfährt, dass mit diesen Techniken nicht allen Gegenständen ihr Duft abgewonnen werden kann, erkrankt er lebensgefährlich. Seine Genesung beginnt in dem Augenblick, als ihm Baldini eröffnet, es gebe noch weitere Techniken, die er in Grasse erlernen könne. Er erhält den Gesellenbrief und macht sich auf den Weg nach Grasse, der Metropole des Duftes.

Auf dem Weg nach Grasse entfernt er sich immer mehr von den Menschen und gewöhnt sich schnell an die Isolierung. Schließlich kommt er auf den **Plomb du Cantal**, den menschenfernsten Ort des Reiches. Hier kann er in völliger Einsamkeit leben und verbringt sieben Jahre fern von jeglicher Zivilisation in einer Höhle, die vor ihm noch nie ein Lebewesen betreten hat. Er gibt sich seinen Duftfantasien hin, schwelgt in Träumen, in denen er ein Reich der Düfte schafft und diese Düfte auch genießt, sich geradezu an ihnen berauscht. Hier fühlt er sich als Schöpfer einer eigenen Welt und ist glücklich, bis er eines Tages erkennt, dass er selbst keinen Geruch hat und er damit für sein Reich, in dem nur der Duft zählt, nicht existiert.

Er überwindet den Schock und macht sich sofort auf den Weg nach Grasse, um sein früheres Vorhaben zu verfolgen und sich als Parfümeur zu perfektionieren. Der Weg führt in nach Montpellier, wo er von einem **Marquis** als Beweis für eine etwas exzentrische Theorie missbraucht wird. Er kommt in einem Furcht einflößenden Zustand dort an, wird aber mithilfe von Kleidern und Schminke zu einem „zivilisierten Menschen“ und erkennt jetzt, dass wesentliche Aspekte des Menschseins auf solcher Täuschung, wie sie in der Schminke und der Kostümierung zu sehen sind, beruhen. So entschließt er sich, auch den Teil des Menschseins, der ihm fehlt, zu imitieren, und schafft sich einen Menschengeruch. Dabei wird ihm immer deutlicher, auf welche Weise Menschen durch Duft zu beeinflussen sind.

Schließlich kommt er in **Grasse** an. Bei seiner ersten Erkundung fällt ihm jener Duft auf, der ihm in Paris schon einmal begegnet ist. Er beschließt, noch zwei Jahre zu warten, bis dieser

Ruelle (kleines Gässchen) in der Parfumstadt Grasse

Duft seine höchste Reife erreicht hat. In der Zwischenzeit will er sich die Techniken aneignen, die es ihm erlauben, den Duft zu gewinnen und zu konservieren. Bei **Madame Arnulfi**, der Witwe eines Parfümeurs, findet er eine Anstellung als zweiter Geselle und erlernt sehr schnell die notwendigen Techniken, die es möglich machen, dass man Gegenständen und Lebewesen ihren Duft abgewinnt. Der Gedanke, er könne einen Duft gewinnen, aber dann auch wieder verlieren, da eben jeder Duft vergänglich ist, erschreckt ihn zunächst sehr. Dann aber kommt er auf die Idee, auch im Falle seines besonderen Duftes die Techniken anzuwenden, die er als Parfümeur erlernt hat, das heißt, den Duft mit anderen Düften zu kombinieren, ihn gewissermaßen wie einen Edelstein zu fassen und damit nicht nur zu verbessern, sondern ihn zusätzlich zu konservieren.

So ermordet er im folgenden Jahr 24 Mädchen. Die Morde selbst werden nicht aufgeklärt, ein Motiv ist für Außenstehende nicht erkennbar. Lediglich **Antoine Richis**, Vater eines wunderschönen Mädchens im gefährdeten Alter – es ist tatsächlich das Mädchen, dessen Duft Grenouille haben will –, sieht bestimmte Zusammenhänge. Wenn er auch nicht auf den Aspekt „Duft" kommt, so geht er doch von Überlegungen zur Schönheit aus und kommt zu Schlussfolgerungen, die der Wahrheit sehr nahe kommen. Er versucht mit seiner Tochter zu fliehen, Grenouille allerdings folgt seiner untrüglichen Nase und findet Laure, ermordet sie und gewinnt ihren Duft. Bald wird Grenouille verhaftet, überführt und zum Tod verurteilt. Am Tag der Hinrichtung demonstriert er die überwältigende Wirkung des neu geschaffenen Parfüms. Die Menschen legen allen Hass ab, sie lieben Grenouille und die Wirkung steigert sich immer mehr, sodass eine chaotische Riesenorgie den Tag beschließt. Richis will Grenouille als Sohn adoptieren, der allerdings macht sich davon und zeigt sich angeekelt. Ursprünglich wollte er Liebe mit seinem Parfum auf sich ziehen, er erkennt aber, dass alle Liebe nur dem Parfum und nicht ihm gilt. Er selbst kann Liebe nicht erwidern, ihm bleibt nur Hass. Dieser Hass aber wird von den Menschen nicht erwidert. Grenouille sieht sich nun am Ziel all seiner Wünsche: Er hat das Parfum schlechthin kreiert, den Duft, der ihn beliebt macht, der ihn als Prometheus erscheinen lässt, der ihm göttliche Funktionen verleiht. Allerdings ist ihm eines nicht gelungen: Er kann sich nicht riechend machen. Damit kommt er selbst in seinem System nicht vor. Mögen die anderen Menschen auch noch so sehr stinken: Immerhin, sie haben einen individuellen Geruch und damit eine Position im großen Reich der Gerüche. Er selbst steht gottgleich außerhalb dieses Reiches und kann nur mit Täuschung und Hilfsmitteln Liebe oder auch Hass auf sich ziehen.

So kehrt er nach **Paris** zurück, nachdem er am Plomb du Cantal vorbeigezogen ist, ohne den Wunsch zu verspüren, noch einmal dort Einkehr zu halten. In Paris nähert er sich wieder dem allerstinkendsten Ort, seinem Ausgangspunkt, und dort trifft er auf den „Abschaum der Menschheit“, unter den er sich mischt. Er übergießt sich mit seinem Parfum und provoziert damit seine Ermordung. Die Menschen um ihn herum werden durch das Parfum zu übermäßiger Liebe verführt, zerreißen Grenouille und fressen ihn auf.

2 Raumstrukturen

Es sind im Wesentlichen drei Orte, die für Grenouille von besonderer Bedeutung sind: Paris, Plomb du Cantal, Grasse. Dazu kommt dann noch Montpellier, eine Stadt, die für ihn eher eine Durchgangsstation ist, in der er aber doch wichtige Erkenntnisse gewinnt.

Die die Orte bestimmenden Merkmale haben alle etwas mit **Düften** zu tun. Dabei ist es nicht von ausschlaggebender Bedeutung, ob diese Gerüche nun gut oder schlecht sind. Wichtig ist, dass sie intensiv oder weniger intensiv sind. Erst im Verlauf der Handlung entsteht unter der Maxime (allgemeiner Grundsatz) eines besonderen Duftes so etwas wie eine „**Geruchsordnung**".

Paris

Der Großraum Paris ist der erste Ort, der für Grenouille spezielle Bedeutung hat. Paris wird beschrieben als die Stadt, die in besonderer Art und Weise den **Gestank des Jahrhunderts** repräsentiert.[1]

Im Rahmen der an sich schon stinkenden Stadt werden wir an einen Ort geführt, der alle negativen Geruchsmomente in sich vereinigt. Die Stichwörter „Hallen", „Friedhof", „Fischverkaufsstand" markieren die wesentlichen Aspekte, die das Geruchsfeld der Stelle bestimmen, an der Grenouille geboren wird.

Im weiteren Verlauf stellt die beschränkte Welt des Hauses Gaillard die Welt der ersten geruchlichen Orientierung dar.

Die Gerberei wird bestimmt durch extremen Gestank, der Grenouille allerdings unbeeindruckt lässt. Sie ist Ausgangspunkt für die Erkundung von Paris insgesamt. Hier nun sammelt Grenouille alle möglichen Geruchseindrücke und gewinnt so einen ersten (vom Geruch gesteuerten) Einblick in die Welt, bis er schließlich auf den besonderen Duft des Mädchens trifft, der es ihm erlaubt, Ordnung in seine Geruchswelt zu bringen.

Paris: Gerberviertel, heute mit Straßencafés

Ein letzter Ort in Paris wird in seiner ersten Lebensphase von besonderer Bedeutung. Bisher hatte er es mit Gerüchen zu tun gehabt, die wir eher als „Gestank“ bezeichnen würden. Nun betritt er die Welt der **Wohlgerüche**, der Düfte und künstlich hergestellten Parfums. Er arbeitet bei Baldini, einem renommierten Parfümeur, dessen Haus gewissermaßen alle Wohlgerüche der Welt vereinigt, aber in einer schon fast chaotischen Anordnung. Dieses Chaos freilich bereitet Grenouille keine Probleme, da seine Nase ihm genügend Orientierung bietet.

Plomb du Cantal

Hat das bisherige Leben Grenouilles an einem intensiv durch Gerüche, nicht zuletzt durch menschliche Gerüche bestimmten Ort stattgefunden, so entfernt er sich auf dem Weg nach Grasse immer mehr von den Gerüchen, die mit Menschen zusammenhängen und für Grenouille zunehmend Ekel bedeuten.

Er kommt zum Plomb du Cantal. Der Platz wird als extrem karg geschildert, eine äußerst dürftige Natur bietet ihm nur die minimalen Lebensgrundlagen. Dafür ist der Ort aber **frei von menschlichem Geruch** und das ist für Grenouille das Entscheidende. An dieser Stelle zieht er sich in eine Höhle zurück, die als Gegenpol zu seinem Geburtsort angesehen werden kann. *Wie der Geburtsort als zunehmende Konzentration von Gestank dargestellt wird, wird der neue Ort als völlig frei von Gerüchen geschildert. So kann sich Grenouille hier ganz von der äußeren Welt abwenden und auf sein Inneres konzentrieren, seinen Erinnerungen zuwenden und sie ausleben. Er muss hier aber auch erfahren, dass er selbst keinen Geruch hat und folglich in seinem eigenen Reich gewissermaßen nicht existiert.

Vergleicht man die beiden Plätze (Paris/Fischstand und Plomb du Cantal/Höhle), so wird man feststellen: Wie Grenouille am ersten Platz, dem allerstinkendsten, geboren wurde, so wird er nun, an dem Ort ohne Gerüche, in seiner menschlichen „Nichtexistenz" (eben als Nichtriechender) vorgeführt. Freilich erlebt er seine Gefährdung nur im Traum („Nebel"), aber indem er bewusst sein Traumerlebnis nachvollzieht, sieht er sich veranlasst, sich schleunigst vom Plomb du Cantal abzuwenden und seine begonnene Reise fortzusetzen.

Montpellier

So gelangt er nach Montpellier. Grenouille macht an diesem Ort zwei Erfahrungen, die parallel zu sehen sind. Einmal wird er durch den Marquis „zivilisiert", d. h. sein Äußeres, infolge der sieben Jahre in der Wildnis völlig verwahrlost, wird durch Kosmetik und Kostümierung menschenähnlich gestaltet. Er wird damit vom „Ungeheuer", als das er in Erscheinung trat, zum zivilisierten Menschen. Hier erkennt er, wie die Menschen durch Äußerlichkeiten betrogen werden können. Gleichzeitig bemerkt er, dass er in der Lage ist, sich selbst, der ja geruchlos ist, einen menschlichen Geruch zu verschaffen und so etwas vorzutäuschen, was nicht vorhanden ist. So besteht die Bedeutung Montpelliers für Grenouille darin, durch zwei **Täuschungsmanöver** unter die Menschen zurückzukehren.

Grasse

Grasse wird vorgeführt als die **Metropole des Duftes**. Hier befinden sich die großen Häuser, die mit Düften und Gewürzen handeln. Hier sind auch die Labors und Ateliers, in denen den Pflanzen die Düfte abgewonnen, konzentriert und konserviert werden. An diesem Ort hat man Techniken ausgearbeitet und verfeinert, die es erlauben, allen Gegenständen ihren Duft abzugewinnen. Im Besitz der neuen Techniken kann Grenouille seine Kenntnisse noch verfeinern und gezielt einsetzen.

Grasse

Während in Paris das Gesamtgeruchsbild vom Gestank, der letztendlich vom Menschen verursacht wurde, bestimmt wird, haben wir es in Grasse mit Wohlgerüchen zu tun. Menschen treten zwar auch auf, doch ist eigenartigerweise kaum vom menschlichen Gestank die Rede.

Mithilfe der Techniken der Geruchsgewinnung und -kombination gelingt es Grenouille, sich selbst verschiedene Gerüche zu schaffen, die er bewusst einsetzen kann, um Menschen entsprechend seinen Intentionen zu steuern.

In Grasse trifft Grenouille auch auf jenen Duft Laures, den er schon von Paris her kennt, den er nun aber in besonderer Art und Weise gewinnen und weiter veredeln will. Hier kann er das Parfum schlechthin schaffen.

Es gelingt ihm endlich, durch das neu geschaffene Parfum die Liebe der Menschen zu gewinnen, allerdings lieben die Menschen das Parfum und nicht ihn. Er selbst bleibt geruchlich ein Nichts, selbst wenn er sich gottgleich gebärden kann.

Grasse wird damit der Ort seines größten Triumphs, aber letztlich auch seiner endgültigen Niederlage.

Noch einmal: Paris

So bleibt Grenouille nur die Rückkehr nach Paris. Der Weg dorthin führt ihn nochmals am Plomb du Cantal vorbei. Dort hat er nun nichts mehr zu suchen. Was er da erfahren kann, weiß er schon. Folgerichtig führt ihn sein Weg nach Paris und genau zu dem Ort, von dem er seinen Ausgang nahm, dem allerstinkendsten Cimetière des Innocents.

Kreisstruktur der Raumanordnung

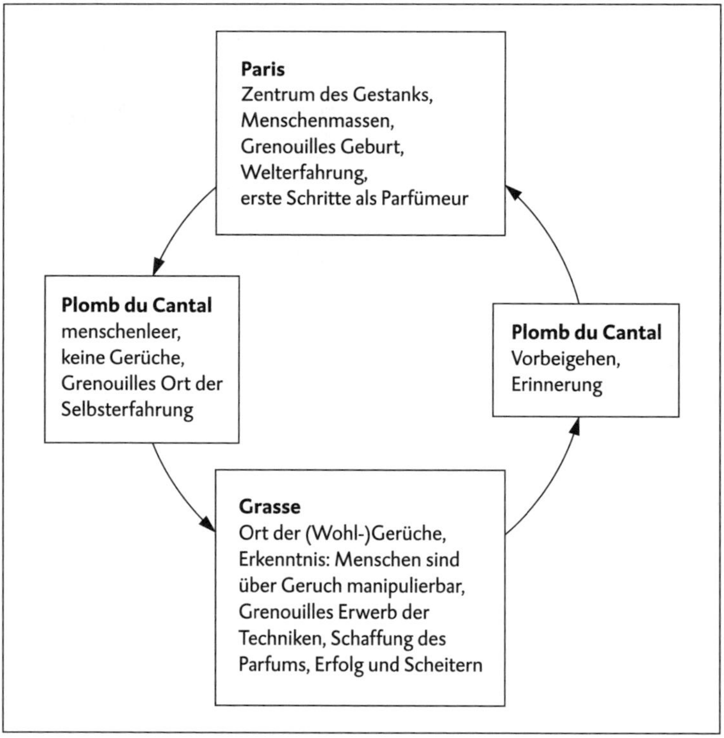

Der Aufbau des Romans folgt der Raumstruktur. Seine Großabschnitte sind den einzelnen Orten zugeordnet.

Im Überblick lässt sich die Raumstruktur in ihrem Zusammenhang mit dem Romanaufbau und ihrer Bedeutung für Grenouille so darstellen:

Abschnitt	Raum/Merkmale	Bedeutung für Grenouille
I. Teil (S. 5–145) 17. 6. 1738 bis Mai 1756	**Paris** Zentrum des Reichs; Zentrum des Gestanks; größte Menschen-ansammlung	Geburt; erste Geruchs-erfahrungen, erste Welt-erfassung; ungeordnete Sammlung von Gerüchen; erste Begegnung mit dem Duft; erste Systematisie-rung
II. Teil (S. 147–176) 7 Jahre	**Plomb du Cantal** Zentrum der Einsamkeit und Menschenleere; geruchlos; karg	Rückzug von Menschen; Konzentration auf das innere Erleben; Schwelgen im Rausch der Düfte; fühlt sich in seinem Reich als Gott
Übergang (S. 176–208) wenige Wochen	**Montpellier** Menschenansammlung; geruchlich belanglos	wird „Mensch“ (Kostüm, Kosmetik; Geruch); erkennt Manipulierbarkeit der Menschen durch Gerüche
III. Teil (S. 209–314) 1763 bis 1767	**Grasse** Metropole der Düfte; Ort der Parfümeure; Wohnort Laures	erlernt Techniken der Duftgewinnung und -konservierung; lernt Laures Duft kennen; komponiert das Parfum; beherrscht die Menschen und sieht eigenes Scheitern
IV. Teil (S. 314–Ende) Juni 1767	**Paris** Schwüle und Gestank; der allerstinkendste Ort: Cimetière des Innocents	Rückkehr zum Ursprung; provoziert seinen Tod und wird „aus Liebe“ auf-gefressen

3 Charakterisierung Grenouilles

Grenouille und die Welt: Weltwahrnehmung

Schon Pater Terrier, der ja doch einiges auf „die Kraft seines kritischen Geistes“ (S. 18) hält, macht auffällige Beobachtungen bei dem Säugling: Wenn das Kind erwacht, „erwacht[e] [es] zuerst mit der Nase“ (S. 22). Die Nase schnuppert, wittert, dann erst schlägt das Kind die Augen auf, die dann aber kaum etwas wahrnehmen. Terrier hat den Eindruck, „daß sie ihn gar nicht gewahrten. Anders die Nase“ (ebd.). Das Kind scheint nur aus Nase zu bestehen, es scheint nur und ausschließlich Geruch aufzunehmen, „selbst durch seine Haut“ (S. 23). Und diesem Wahrnehmen entgeht nichts, alles liegt „bloß vor dieser gierigen kleinen Nase“ (ebd.). Und das Resultat? Terrier schaudert und ekelt sich. Das Kind auf seinen Knien wird ihm zum „feindselige[n] Animal“ (S. 24).

Das Kind nimmt also nicht, wie andere Kinder, die Welt mit allen Sinnen, vor allem mit Augen, Gehör und Tastsinn wahr, sondern konzentriert sich **allein auf die Nase**.

Spracherwerb und Weltbild

Entsprechend verhält es sich beim Erwerb der Sprache. Während ein normales Kind spätestens mit zwei Jahren beginnt, Personen und Dinge, Vorgänge und Tätigkeiten sprachlich zu bezeichnen, setzt bei Grenouille erst mit vier Jahren der Spracherwerb ein.

Mit dem Erwerb der Sprache erwirbt das normale Kind auch Weltkenntnis. Der Sprachwissenschaftler Hans Glinz sieht den Zusammenhang zwischen Erwerb der Sprache und Weltsicht so: „Wir worten die Welt in der Muttersprache …“ Mit anderen Worten: Wie wir Welt sehen und begreifen, in ihr handeln und auf sie reagieren, hängt eng mit der Sprache zusammen, die wir als Muttersprache erworben haben. Der von Glinz angesprochene Prozess findet bei Grenouille nicht statt. Er hat die Dinge der Welt geruchlich bereits „in Besitz genommen“, ehe er erlernt, bestimmten – geruchlich schon identifizierten! – Gegenständen, Vorgängen, Personen etc. eine sprachliche Bezeichnung zuzuordnen. Entsprechend bleibt sein Inventar sprachlicher Zeichen beschränkt auf die Bezeichnung von ganz konkreten Gegenständen.

Konsequent weitergedacht bedeutet das: Für Grenouille gibt es keine Abstrakta, aber eben auch keine Gefühle. Alles, was außerhalb der Welt der Gerüche liegt, existiert für ihn nicht. Umso mehr konzentriert er sich auf die **Welt der Gerüche**. Der Horizontverengung auf der einen Seite entspricht im Bereich der Gerüche eine Horizonterweiterung und -differenzierung.

Exkurs: Das Riechen/der Geruch und seine Bedeutung für den Menschen: Das Riechen hat für den Menschen eine ganz besondere Bedeutung. Der Geruchssinn ist wohl derjenige Sinn, der noch unmittelbar an die rudimentär vorhandenen Instinkte gekoppelt ist. Mit anderen Worten: Durch Gerüche werden oft Instinkthandlungen ausgelöst, die rational eben nicht gesteuert werden. Insbesondere können Gerüche Sympathie oder Antipathie steuern (man kann jemanden nicht riechen), sie können Wohlbefinden hervorrufen, aber auch Unwohlsein, bis hin zum Erbrechen. Dabei hat der Mensch, das ist das Eigenartige, nur ganz wenige Begriffe, um Gerüche selbst differenzierend zu benennen bzw. begrifflich zu unterscheiden („Es duftet, es riecht, es stinkt“). Will man Gerüche genauer beschreiben, dann wird man entweder zu Wörtern greifen, die aus anderen Sinnesbereichen übernommen werden (süßer, leichter Duft), oder man benutzt Vergleiche (Frühlingsduft) bzw. gibt die Quelle an, der der Duft ursprünglich zugeordnet wird (Veilchenduft).

Für Grenouille bedeutet die mangelhafte sprachliche Erfassung von Gerüchen ein Defizit, das der Sprache anhaftet:

[A]ll diese grotesken Mißverhältnisse zwischen dem Reichtum der geruchlich wahrgenommenen Welt und der Armut der Sprache ließen den Knaben Grenouille am Sinn der Sprache überhaupt zweifeln […] (S. 34)

Gerade der Umstand aber, dass für Grenouille nur existiert, was riecht, ist für ihn und sein Selbstverständnis von ganz besonderer Bedeutung.

Weltaneignung – Weltordnung

Bei seiner Weltaneignung geht Grenouille zunächst planlos vor. Er sammelt alles, was ihm geruchlich begegnet, und hat mit sechs Jahren „seine Umgebung olfaktorisch vollständig erfaßt" (S. 34). Er eignet sich ein „riesiges, selbsterlerntes Vokabular von Gerüchen" (S. 35) an. Das bedeutet nun aber auch: Grenouille hat nicht nur einen hervorragenden Geruchssinn, sondern auch ein entsprechendes **Geruchsgedächtnis**. So entsteht im ersten Lebensjahrzehnt darin eine ungeheure Sammlung verschiedener Gerüche, die ihm alle mehr oder weniger gleich wertvoll sind. Als Grenouille dann den besonderen Duft des Mädchens in Paris kennen lernt, hat er endlich ein Kriterium, das er braucht, um **Ordnung** in seinem Geruchschaos zu schaffen. Nun hat er das „höhere Prinzip, nach dessen Vorbild sich die andern ordnen" (S. 55) müssen. Er nimmt auch gleich nach dem Mord das Ordnung-Schaffen in Angriff.

Damit beginnt Grenouille, eine **eigene Weltordnung** zu schaffen, in der es nur um Gerüche geht, die nun aufeinander bezogen, in ein immer differenzierteres Ordnungsschema eingebaut werden und am Ende in einer deutlichen „Hierarchie" stehen. Auf der Basis dieses Systems kann nun Grenouille damit beginnen, „eine täglich sich erweiternde […] innere Festung der herrlichsten Duftkompositionen" (S. 58) zu errichten.

Von diesem Augenblick an gibt es auch für Grenouille „gut" und „nicht gut", also Werte, die attraktiv sind, und „Unwerte", die verabscheuenswürdig sind. Es gibt Gerüche, die in seiner **Hierarchie** oben stehen, und Gerüche, die er als „Gestank" ablehnt. In die letzte Kategorie ordnet er vor allem menschliche Gerüche ein. Entsprechend findet er „am befreiendsten [...] die Entfernung von den Menschen", da ihn der „geballte Menschenbrodem" am meisten stört (S. 148). Und so ist es nur folgerichtig, wenn ihn, „je mehr [...] [er] sich an die reinere Luft gewöhnt hatte" (S. 151), desto empfindlicher [...] so ein Menschengeruch" trifft, „scheußlich wie Odelgestank" (S. 151).

Am Plomb du Cantal kann sich Grenouille, weitgehend losgelöst von den übrigen Lebensvollzügen, ganz auf seine innere Welt konzentrieren, sie völlig ordnen und sich selbst in ihr einrichten. Sein Reich, „das einzigartige Grenouillereich", wird von ihm beherrscht. Hier gilt „nichts als sein Wille, der Wille des großen, herrlichen, einzigartigen Grenouille" (S. 161). So fühlt er sich dann auch als **Schöpfer** und damit als Gott. Süskind bedient sich an dieser Stelle in der Sprachgebung Formulierungen, wie wir sie aus dem Schöpfungsbericht des Alten Testaments kennen: „Und als er sah, daß es gut war [...]" (S. 161) [Gen. 1,4 f.]

Im Stadium höchsten Genusses und höchster Selbstgewissheit aber überfällt ihn die Wirklichkeit – im Traum zwar zunächst, aber doch als existenzielle Bedrohung, und er muss sich mit ihr auseinander setzen. Er muss feststellen, dass er selbst keinen Geruch hat und demnach in seinem Reich nicht vorkommt, nicht vorkommen kann, ja nicht vorkommen darf. Logisch bleiben nun nur zwei Möglichkeiten offen: Wenn Grenouille aus dem System herausfliegt, dann steht er entweder unter dem System und fällt ins Nichts oder aber er steht **gottgleich** über dem System. Die erste Version kommt für Grenouille nicht infrage, dazu ist er viel zu sehr Zeck (vgl. *Interpretationshilfe,* S. 53). Folglich entschließt er sich für die zweite Version. Offen bleibt dabei zunächst, ob er in der Lage sein wird, diese Funktion auszufüllen, oder ob er doch nicht zu sehr Mensch ist mit einem Rest menschlicher Bedürfnisse (nach einer zwischenmenschlichen Regung, sei es nun Liebe oder Hass), um es zu ertragen, in seiner Welt, die er für sich geschaffen hat, nicht vorzukommen.

Grenouille verlässt sofort den Ort seiner Gefährdung und kehrt zurück in die Welt der Menschen. Bei der Rückkehr lernt er zwei wichtige Dinge. Erstens: Die Menschen lassen sich durch Äußeres **täuschen** (er selbst wird durch äußere Veränderungen wieder „menschlich"). Zweitens: Die Menschen sind, wie er selbst, für Gerüche empfänglich. Nur nehmen sie Gerüche nicht bewusst wahr wie er, sondern lassen sich **unbewusst steuern**. Ihm wird klar: „Wer die Gerüche beherrscht[e], der beherrscht[e] die Herzen der Menschen." (S. 199) So ist er nun in der Lage, sein Schöpfungswerk fortzusetzen und sich selbstbewusst auch geruchlich zum Menschen zu machen. Süskind stellt diese **Schöpfertätigkeit** Grenouilles dar, indem er u. a. auf den antiken Mythos von Prometheus zurückgreift:

> *Er hatte die prometheische Tat vollbracht. Den göttlichen Funken […], der ihm als einzigem vorenthalten worden war, hatte er sich durch unendliches Raffinement ertrotzt. Mehr noch! Er hatte ihn sich recht eigentlich selbst in seinem Innern geschlagen. Er war noch größer als Prometheus.* (S. 304)[2]

Seine bisherige Schöpfung hat vorläufig zwei Mängel: Einmal existiert sie nur in seinem Innern, in seiner Erinnerung. Der zentrale Geruch, das Ordnungskriterium überhaupt, ist längst verflogen, nicht mehr verfügbar, kann nur noch aus der Erinnerung hervorgerufen werden. Der zweite Mangel: Alles, was er bisher getan hat, war letztlich ein „Ordnung-Schaffen". Die Gerüche selbst nahm er dabei so, wie sie auf ihn einströmten. Selbst der höchste Duft wird ihm – ohne sein Zutun – fertig „geliefert": In seinem letzten und eigentlichen schöpferischen Werk beseitigt er beide Mängel: Mit dem Duft Laures und der übrigen Mädchen komponiert er einen neuen, alles bisher Dagewesene überragenden Duft, das **perfekte Parfum**. Und dieses Parfum kann er so konservieren, dass es – vorläufig zumindest – nicht verfliegt.

Die Vollendung seines Imperiums allerdings bringt nun auch dessen totale Erschütterung mit sich. Grenouille hat eben nicht die Größe, sich gottgleich über seine Selbstzweifel hinwegzusetzen. Es wird ihm klar, dass alle emotionalen Regungen, die ihm entgegengebracht werden, nicht ihm, sondern den Gerüchen gelten. So hebt er sich selbst auf.

Grenouille, das Scheusal

So beginnt der Roman, in dessen Mittelpunkt Grenouille steht:

> *Im achtzehnten Jahrhundert lebte in Frankreich ein Mann, der zu den genialsten und abscheulichsten Gestalten dieser an genialen und abscheulichen Gestalten nicht armen Epoche gehörte.* (S. 5)

Das DUDEN Wörterbuch bezeichnet „Scheusal“, auf Menschen angewandt, als einen „rohe[n], brutale[n] Mensch[en], dessen Handeln mit Abscheu erfüllt“.[3]

Ist Grenouille nun tatsächlich das Scheusal, als das er uns dargestellt wird, schon ehe wir etwas von seiner Geburt erfahren?

Grenouille steht von Anfang an außerhalb dessen, was man als „Prozess der Enkulturation“, des Hineinwachsens in das kulturelle Umfeld, in das man hineingeboren wird, versteht. Er erfährt die Menschen um ihn herum meist als **Feinde**, bestenfalls als Leute, die sich abwenden und ihn ablehnen oder ausbeuten. Er hat kein Interesse an dem, was sich die Gesellschaft um ihn herum als „Weltbild“ zurechtgelegt hat. Er verabscheut das, was die Leute um ihn herum als „Gott“ verehren, kann mit diesem Gott, in dessen Umfeld er nur Weihrauchgestank wahrnimmt, nichts anfangen, er hat mit Gott „nicht das geringste im Sinn“ (S. 158). Warum sollte er auch, wo er immer wieder feststellen muss, dass er ihm zumindest im für ihn einzig gültigen

Bereich, dem Bereich der Gerüche, weit überlegen ist, sich in seinen Gedanken zum „großen, herrlichen und einzigartigen Grenouille“ (S. 161) hochstilisiert. In einem gewaltigen semiotischen Prozess baut er sein **eigenes Weltbild** auf: Er hat mithilfe seiner Nase alle einzelnen Elemente der Welt segmentiert und identifiziert, er findet den zentralen Geruch als Orientierungshilfe und kann nun Ordnung in sein Weltgebäude bringen. In dieser Welt, die Grenouille geschaffen hat, gibt es nur einen Mittelpunkt, eben Grenouille. Das freilich ist nachvollziehbar, solange es sich um die innere Welt handelt, wie er sie noch am Plomb du Cantal Tag für Tag exzessiv erlebt. Hier deutet sich so etwas wie ein „semiotischer Autismus“ an: Grenouille, völlig auf sich und seine Genialität konzentriert, findet sich einfach gut. In einem extremen Narzissmus sagt er: „Ich danke dir, Jean-Baptiste Grenouille, daß du so bist, wie du bist!“ (S. 278 f.)

Dass am Anfang dieses semiotischen Schaffensprozesses ein Mord stand, ist ihm „vollkommen gleichgültig“ (S. 58). Mit Begriffen wie Recht, Moral usw. kann er nichts anfangen: „Mit abstrakten Begriffen [...] vor allem ethischer und moralischer Natur, hatte er die größten Schwierigkeiten.“ (S. 33) Was sich hier beim Erwerb der Sprache abzeichnet, hat erhebliche Konsequenzen für sein eigenes Weltbild und Rechtsempfinden.

Grenouille und sein Gewissen

Der Aufbau seiner Wertewelt vollzieht sich parallel zum Aufbau des Weltbildes. Es wäre falsch zu sagen, er habe kein Gewissen. Versteht man unter Gewissen den Sinn für die Unterscheidung zwischen gut und böse, falsch und richtig, aus der sich moralisches Handeln herleitet, so können wir nicht ohne Weiteres Grenouille ein Gewissen absprechen. Er hat sehr wohl ein **Wertbewusstsein**, zumindest von der Nacht an, in der ihm der Duft aller Düfte begegnet. Von nun an ordnet er seine Geruchswelt hierarchisch nach gut und weniger gut. Grenouille definiert also Werte neu und damit entsteht für ihn eine Werthierarchie, die wiederum seinem Lebenskonzept entspricht, oder anders gesagt: Sein Lebenskonzept verpflichtet ihn, nach dem höchsten Wert, wie er ihn in seinem System konstituiert hat, zu streben, d. h. eben das beste aller möglichen Parfums herzustellen. Mit dem Aufbau des Weltbildes verbindet Grenouille also den Aufbau einer Wertewelt. Diese Welt legitimiert sich einzig und allein von ihrem Schöpfer her. Und der kann auf seine einmalige Begabung verweisen, die ihn außerhalb der für die übrigen Menschen zugänglichen Welt ansiedelt. Grenouille ist **autonom** im eigentlichen Wortsinn: Er schafft eine Welt und gibt dieser Welt Gesetze, denen er alles unterordnet.

Insofern also wäre es falsch, von einem „gewissenlosen Schurken" zu sprechen. Wohl aber ist festzustellen, dass sein Gewissen anders orientiert ist als das der ihn umgebenden Gesellschaft.

Die in der übrigen Welt gültigen Orientierungen und Ordnungslinien, die immer auf den Menschen hin zentriert sind und diesen vor allem schützen, gelten für Grenouille nicht. Er hat – und seine Begabung scheint ihn da noch zu bestätigen – ein neues Zentrum entwickelt und das Zentrum akzeptiert Menschen nur partiell, soweit sie als Träger von Gerüchen infrage kommen.

Grenouille als Mörder und Genie

Grenouille sieht und erfährt sich keineswegs als Mörder. Er bringt die Mädchen um, um in den Besitz ihres Duftes zu kommen. Mehr nicht. Schon seine Reaktionen im Rahmen des ersten Mordes machen deutlich: Er nimmt den Mord kaum als solchen wahr. Es ist ihm „wenn überhaupt bewußt, vollkommen gleichgültig" (S. 58). Ähnlich sind die Morde an den Mädchen in Grasse zu bewerten. Es geht einzig und allein darum, die Ingredienzen zu beschaffen, die er zur **Herstellung seines Parfums** braucht. Entsprechend sachlich-fachmännisch geht er ans Werk. Gerade sein Verhalten beim letzten Mord, dem an Laure, macht deutlich, dass er weitgehend **emotionslos** ist. Das Einzige, was er hasst, ist das „Geräusch des Schlages", aber das nur deshalb, „weil es ein Geräusch" ist (S. 275). Ansonsten interessiert ihn nur der Duft des Mädchens. Der gesamte Vorgang der Duftbeschaffung ist Arbeit, nicht anders als bei der Gewinnung des Duftes der Hyazinthen (S. 276), und die verrichtet er äußerst fachmännisch. Seine Befriedigung nach dem Mord rührt einzig aus dem Bewusstsein, keinen Fehler gemacht zu haben, um ein einzigartiges Werk zu vollbringen (S. 277). Während des Wartens darauf, dass das Fett den Duft des Mädchens aufnimmt, lässt er sein Leben Revue passieren und gedenkt aller Dinge mit großem Wohlgefallen (S. 278). In seinem Bewusstsein steigert sich seine Zufriedenheit bis hin zum „Frieden dieser Heiligen (sic!) Nacht" (S. 279). Wieder wird deutlich: Das Mädchen selbst zählt nicht für ihn. „Sie war für ihn als Körper gar nicht mehr vorhanden. Nur noch als körperloser Duft." (S. 280)

So werden die Morde zur übersteigernden Darstellung des rücksichtslosen Vorgehens eines **Genies**, das sich nun einmal in den Kopf gesetzt hat, ein nie da gewesenes **Kunstwerk** zu vollbringen, koste es, was es wolle. Schon beim ersten Mord wird darauf hingewiesen: Es geht um die Konstitution der „herrlichsten Duftkompositionen". Was zählt da noch ein Menschenleben? Genau dieser Gedanke aber, der in unmittelbarem Zusammenhang mit dem ersten Mord genannt wird, führt zu einer Frage, die wir von außen an die Figur zu stellen haben: Ist das Genie wirklich autonom? Oder anders: Wer und was setzen dem Genie Grenzen? Kann das Genie für sich beanspruchen, in einer eigenen Wertewelt zu leben, und dieser Wertewelt alles unterzuordnen? Oder gibt es am Ende nicht doch einen allgemeinen Rahmen, in den sich das Genie, mag es noch so begabt sein, einzupassen hat?

Grenouille als Gott

Grenouille versteht sich als der Gott der Gerüche, ein omnipotenter Gott, der zunächst nur in seiner Fantasiewelt herrscht, außerhalb der Welt steht und über diese verfügt (S. 161). Dieser Gott ist sehr selbstbewusst, bewundert sich und erklärt alle anderen, die außerhalb stehen, für dumm, da sie auf dem Feld der Gerüche unterlegen sind (S. 197). Gleichzeitig ist der Gott – zu Anfang zumindest – selbstgenügsam, aber auch **allmächtig**, insofern er die komplette Welt erschaffen und erhalten kann.

Grenouille als Schöpfer – Grenouilles Lebensziel

Die Laufbahn Grenouilles beginnt in der Nacht nach dem ersten Mord. Grenouille erkennt sich als den „Schöpfer von Düften" (S. 58) und fängt an, die von ihm bis dato gesammelten Gerüche zu sortieren und ein systematisches Gebäude zu errichten. Dass er aber in der Lage sein könnte, selbst Gerüche zu komponieren, erahnt er schon früher, ja, er weiß sogar, „daß er ganz andere Wohlgerüche würde herstellen können, wenn er nur über die gleichen Grundstoffe verfügte" (S. 48). Im Duft des Mädchens hat er „den Kompaß für sein künftiges Leben gefunden" (S. 57).

Als feststeht, dass er bald bei Baldini Parfümeur werden wird, hält er im Traum „triumphalen Einzug in seiner inneren Festung [...] mit Weihrauchqualm und Myrrhendampf, zu Ehren seiner selbst" (S. 114).

Am Plomb du Cantal konzentriert er sich ganz auf sein inneres Imperium, an dem er von Geburt an gebaut hat. Hier ist er der Große Grenouille, der Einzige, der das innere Reich erschafft und beherrscht, hier gilt allein sein Wille, hier wird auch die Verbindung zwischen Gott und Schöpfer auf der Formulierungsebene geschaffen (biblische Anklänge). In seinem Reich feiert er Geruchsorgien, besäuft sich an den Gerüchen, die er in seiner Erinnerung aufbewahrt hat. Seine Schöpferkarriere allerdings erhält einen „Knick", als er bemerkt, dass er selbst keinen

Eigengeruch hat und somit als Mensch gar nicht existiert. So setzt nun eine zweite Schöpfertätigkeit ein: Während der Marquis in einem Betrugs-/Selbstbetrugsverfahren das Aussehen des „Ungeheuers" kosmetisch verändert und so einen Menschen aus ihm macht, schafft Grenouille, ebenfalls in einem Betrugs- und vielleicht auch Selbstbetrugsverfahren, sich einen individuellen Duft und ersetzt so den fehlenden **Menschengeruch**. Es wird ihm hier klar, dass sein Schöpfertum in der Lage ist, Menschen zu leiten und zu steuern.

Die Menschwerdung Grenouilles

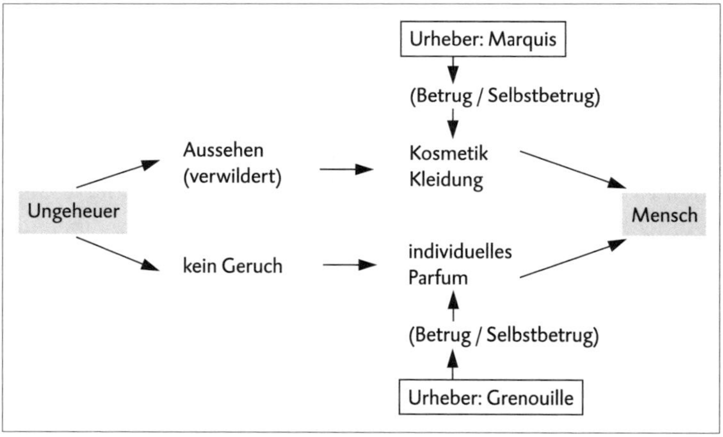

In den Gassen Montpelliers spürt er, „daß er eine Wirkung auf die Menschen ausübt[e]" (S. 195). Hier entwickelt sich das „Bewußtsein der eigenen **Macht**" (S. 198). Er ist sicher, er könne

> *einen Duft kreieren, [...] der nicht nur menschlich, sondern übermenschlich war [...] daß, wer ihn roch, bezaubert war und ihn, Grenouille, den Träger dieses Dufts, von ganzem Herzen lieben mußte.* (S. 198)

So sehr steigert sich nun sein Selbstbewusstsein, dass er das, was er am Berg in seinen Fantasien erlebt hatte, nun in die Wirklichkeit projiziert. „Er wollte der omnipotente Gott des Duftes sein [...] aber nun in der wirklichen Welt und über wirkliche Menschen." (S. 198) Eines war ihm klar geworden: „Wer die Gerüche beherrscht[e], der beherrscht[e] die Herzen der Menschen." (S. 199) Allerdings täuscht sich Grenouille hier, darauf muss an dieser Stelle aufmerksam gemacht werden. Er ist der Meinung, er könne es mithilfe des Parfums erreichen, dass die Menschen ihn selbst **lieben**. Erst spät erkennt er: Dies ist nicht der Fall. Und da geht aus der Erkenntnis sein endgültiges Scheitern hervor.

Grenouille schafft sich in Montpellier verschiedene Gerüche, die er entsprechend den jeweiligen Erfordernissen wie die Kleider wechseln kann. Zu jenem Zeitpunkt hat er sein großes Ziel schon ins Auge gefasst, oder genauer gesagt, vor der Nase: Das von ihm dann zu kreierende beste Parfum aller Zeiten.

So werden dann die Morde lediglich als **Beschaffungsmaßnahmen der Grundessenzen** zu sehen sein.

Es gelingt Grenouille tatsächlich, dieses Parfum zu komponieren, die Menschen, die auf die Hinrichtung des Scheusals warten, umzudrehen, sie zur Liebe zu veranlassen, ja sie in eine hysterisch feiernde Masse zu verwandeln. „Ein Wink von ihm, und alle würden ihrem Gott abschwören und ihn, den Großen Grenouille anbeten." (S. 305) Seine Fantasien sind in jenem Punkt Wirklichkeit geworden. Hier hat er sein Lebensziel erreicht. Er erlebt „den größten Triumph seines Lebens" (ebd.). Aber genau an der Stelle kippt alles um:

> *In diesem Moment stieg der ganze Ekel vor den Menschen wieder in ihm auf und vergällte ihm seinen Triumph [...] daß er nicht nur keine Freude, sondern nicht einmal das geringste Gefühl von Genugtuung verspürte.* (S. 305)

Die Liebe der Menschen wird ihm unerträglich, denn „er selbst liebte sie nicht, er haßte sie" (S. 305). Und so will er hassen und gehasst werden (S. 306). Die Menschen aber sind nicht in der

Lage, ihn zu hassen, da steht die Wirkung des Parfums entgegen. Genau da wird Grenouille deutlich, dass die Gefühle der Menschen keineswegs ihm, der Person Grenouille, gelten, sondern dem Duft. Jetzt steigen wieder die „fürchterlichen, stickigen Nebel [...] aus dem Morast seiner Seele“ (S. 307). Was am Plomb du Cantal Traum war, wird nun entsetzliche Wirklichkeit. Er existiert nicht in seiner Welt und für seine Welt. Er findet kein Echo (S. 306).

Grenouilles Ende

Die überraschende Wendung, die das Geschehen am Ende nimmt, ist zunächst schwer zu verstehen. Wieso wendet sich Grenouille angeekelt ab, als er genau sein Ziel erreicht hat und alle Menschen sich ihm unterwerfen? Wieso kehrt er nach Paris zurück und provoziert dort seinen Tod? Eine schlüssige Antwort ergibt sich, wenn wir genau die Entwicklung sowohl der (Welt- und Selbst-)Erfahrung Grenouilles verfolgen als auch die jeweils abgeleiteten Handlungsmotive und Absichten daneben halten.

Die folgende Übersicht lässt erkennen: Die letzte Entscheidung geht konsequent und folgerichtig aus den vorausgehenden Erfahrungen hervor. Grenouille muss erkennen, dass sein Lebensziel zwar erreicht ist, dass er aber nach wie vor dem Grundsatz seines eigenen Welt- und Selbstverständnisses nicht genügt: Er selbst ist ohne Geruch und hat in seiner Welt keine **Existenzberechtigung**. Hier zeigt er sich eben doch als Mensch und nicht gottgleich. Er ist nicht stark genug, es zu ertragen, dass die Menschen zwar seine „Werke“ beachten und respektieren (seine kreierten Gerüche und vor allem das Parfum), ihn selbst aber nicht (auch und gerade als Mörder und Scheusal nicht!) zur Kenntnis nehmen. So muss er sie zwingen, ihre Aktivität wenigstens einmal nicht auf sein Parfum, sondern auf ihn selbst auszurichten, indem er sie veranlasst, ihn zu fressen. Mit anderen Worten: Wenn in Grasse die Menschenmassen in Verzückung gerieten, so war das Objekt ihrer Aufmerksamkeit nicht Grenouille als Person, sondern „nur“ das von ihm geschaffene Parfum. Auch der Vater Laures richtet sich auf dieses Parfum aus. Jetzt, in Paris, wird die Aufmerksamkeit zwar auch durch das Parfum hervorgerufen, die Aktivität aber, die ausgelöst wird, richtet sich auf Grenouille selbst: Er wird gefressen. Damit repräsentiert sein Sterben den einzigen Augenblick, wo er selbst Objekt der Aktivitäten (genauer: der liebenden Zuwendung!) anderer Menschen ist, wo er also wahrgenommen wird und als Person existiert.

Absichten/Motive/Pläne Grenouilles	**Handlungen/Erfahrungen Grenouilles**
will Welt erfassen	sammelt Gerüche
will Duft besitzen und Ordnung schaffen	ermordet das Mädchen in Paris
will Düfte materiell speichern und komponieren	wird Parfümeur; erlernt Techniken der Duftgewinnung
will als Mensch wahrgenommen werden	bemerkt, dass er selbst nicht riecht; sieht, dass er nicht in sein eigenes Wertsystem passt; mischt sich einen menschlichen Geruch
will seine Geruchspalette verbessern, um Menschen manipulieren zu können; will weitere Techniken erlernen, um Gerüche zu gewinnen	bemerkt, dass er die Menschen täuschen und steuern kann; geht nach Grasse; arbeitet als Parfümeurgeselle
will perfektes Parfum herstellen, damit die Menschen ihn lieben	riecht Laure; tötet die Mädchen; stellt das perfekte Parfum her
verwirft sein bisheriges Lebensziel: erkennt, dass sich die Liebe nicht auf ihn bezieht; will Hass	benutzt sein Parfum; erzielt die gewünschte Wirkung; Wirkung bleibt auf das Parfum beschränkt; Menschen reagieren nicht auf ihn selbst
will seinen Tod durch andere Menschen und damit ein Verhalten, das sich auf ihn selbst richtet	benutzt das Parfum in einer „Überdosis“ und erzwingt bestimmtes Verhalten
TOD Grenouilles als folgerichtige Konsequenz	

4 Figuren um Grenouille

Es fällt schwer, im Zusammenhang mit dem Roman von Figurenkonstellation zu sprechen. Eigentlich gibt es nur eine Figur: Grenouille. Ihr sind alle anderen Figuren **funktional zugeordnet**. Dabei gibt es keine Figur, die den gesamten Lebensweg begleitet, wir können auch in keiner Phase von einem „Gegenspieler" sprechen. Grenouille ist so einzigartig und gleichzeitig unnahbar konzipiert, dass nicht einmal für kurze Phasen oder einzelne Teilaspekte Gegenspieler infrage kommen.

Was die betreuenden Ammen zwar erahnen, aber nicht artikulieren können, bringt der Klosterpförtner auf den Punkt, wenn er in dem Säugling „ein fremdes, kaltes Wesen" sieht, ein **„feindseliges Animal"** (S. 24).

Die einzelnen Figuren um Grenouille herum begleiten ihn auf den jeweiligen Lebensabschnitten, haben eine ganz bestimmte **Aufgabe** innerhalb des Lebensabschnitts und verschwinden danach wieder. Die meisten kommen um, nachdem sie mit Grenouille nichts mehr zu tun haben. In zwei Fällen (Madame Gaillard, Marquis) blendet der Erzähler eine kurze Vorausschau ein und bringt das Leben der Figuren zu Ende, um sie gewissermaßen aus dem Interessenskreis des Lesers zu entfernen.

Die Mutter (S. 7–9)

Grenouilles Mutter ist Mitte zwanzig, sie sieht noch recht passabel aus und hat noch fast alle Zähne. Sie hofft, noch 5–10 Jahre zu leben. Grenouille ist ihre fünfte Geburt. Die bisherigen Geburten hat sie alle mehr oder weniger nebenbei erledigt. Die jeweiligen Säuglinge hat sie zusammen mit dem Fischgekröse unter ihrem Fischmarkttisch entsorgt. Mit Grenouille will sie in gleicher Weise verfahren, wird aber ohnmächtig und von den Umstehenden versorgt. Da beginnt der Neugeborene zu schreien und wird entdeckt. Die Mutter wird verhaftet und verhört. Sie gesteht, sie wollte den Säugling „verrecken lassen“ (S. 9). Sie gesteht ebenfalls die weiteren vier Taten. Entsprechend wird sie wegen mehrfachen Kindsmordes zum Tod verurteilt und hingerichtet.

Madame Gaillard (S. 25–40)

Madame Gaillard ist, als ihr der Säugling Grenouille übergeben wird, noch keine 30 Jahre alt, hat aber das Leben schon hinter sich. Sie wirkt eher ältlich, wie die „Mumie eines Mädchens“ (S. 25).

Als Kind erhielt sie von ihrem Vater einen Schlag mit dem Feuerhaken ins Gesicht. Dadurch hat sie nicht nur den Geruchssinn verloren, sondern auch die Fähigkeit, emotional etwas empfinden zu können. Sie besitzt andererseits einen „gnadenlosen Ordnungs- und Gerechtigkeitssinn“ (S. 26), bevorzugt keines der ihr anvertrauten Kinder, benachteiligt aber auch niemanden. Ihr Lebenskonzept läuft darauf hinaus, möglichst genügend Geld anzusparen, um in Ruhe alt werden zu können und nicht, wie ihr Mann, in einem öffentlichen Sterbehaus (Hôtel Dieu) sterben zu müssen. Sie lässt Grenouille alles zukommen, was das Kind braucht, um zu überleben. Da ihm alle seelischen Regungen entbehrlich sind, da es selbst solche Regungen verweigert, ist Madame Gaillard genau die richtige Pflegemutter für das Kind, denn auch sie erwartet „keine seelische Regung von ihm“ (S. 30).

Ihr fällt auf, dass der Junge bestimmte Eigenheiten und Fähigkeiten besitzt, die ungewöhnlich, ja sogar übernatürlich sind. Er kann sich in der Dunkelheit orientieren, sieht durch Wände hindurch, findet Gegenstände, ohne sie zu sehen, er weiß, wie viele Menschen in einem bestimmten Raum sind usw. Sie kann sich das alles nicht anders erklären, als dadurch, dass das Kind das zweite Gesicht besitzt. Damit, so befürchtet sie, zieht es Unheil und Tod an. Deshalb wird auch ihr das Kind unheimlich und sie trachtet danach, es loszuwerden. Als das Kloster die Zahlungen einstellt, verkauft sie den Jungen an den Gerber Grimal. Damit geht ihre Bedeutung für Grenouille zu Ende. Ihr eigenes Leben ist noch längst nicht vorbei. Sie wird sehr alt. Mit 70 Jahren gibt sie die Betreuung von Kindern auf, kauft sich in eine Rente ein, muss erleben, wie die Inflation ihre Rente zusammenschmelzen lässt, und muss ihr Haus verkaufen. Mit 90 hat sie ihr gesamtes Vermögen verloren und stirbt so, wie sie es hatte vermeiden wollen: in einem Gemeinschaftsbett im Sterbehaus, im Hôtel Dieu.

Grimal (S. 40–114)

Grimal ist Gerber und erwirbt Grenouille zu einem günstigen Preis. Er wäre imstande, den Jungen bei der geringsten Unbotmäßigkeit zu Tode zu prügeln. Er schätzt Grenouille entsprechend der Nützlichkeit, die er zeigt, ein. Entsprechend reduziert Grenouille seine Ansprüche. Grimal beutet die Arbeitskraft schamlos aus. Erst als Grenouille den Milzbrand überlebt und damit immun wird, steigert das auch seinen Wert für Grimal. Der räumt dem Gehilfen nun einzelne kleine Freiheiten ein, gibt ihm etwas besseres Essen und billigt ihm gelegentlich ein wenig Freizeit zu, in der Grenouille das „größte Geruchsrevier der Welt" (S. 43) erkunden kann. Für 20 Livre verkauft Grimal Grenouille an Baldini, den Parfümeur. Am gleichen Tag besäuft er sich so hemmungslos, dass er den Weg verfehlt und in die Seine fällt, wo er ertrinkt.

Baldini (S. 59–145)

Baldini ist einer der bedeutendsten Parfümeure in Paris. Sein Haus liegt auf der Pont au Change. Er betreibt sein Geschäft mit Düften erfolgreich, in seinem Haus hat er alle möglichen Essenzen, Öle und Tinkturen angesammelt. Sein Ehrgeiz besteht darin, „in seinem Laden alles zu versammeln, was irgendwie duftete oder in irgendeiner Weise dem Duft diente“ (S. 60). Mit Düften hat er sein Haus geradezu überladen. Da er kein geeignetes Lager hat, dienen alle Räume des Hauses als Warendepot. In jungen Jahren ist er zufällig an das Rezept eines besonderen Parfums geraten. Das brachte ihm großen Reichtum ein. Er beherrscht die Techniken des Parfümeurs handwerklich, mehr aber auch nicht. Gegenwärtig muss er erleben, wie die Konkurrenz mit immer neuen Düften den Markt überschwemmt. Er kann dem nicht mehr folgen. Als er den Auftrag erhält, ein Leder mit einem gerade aktuellen Duft zu beduften, versucht er, dieses Parfum der Konkurrenz zu analysieren, um es zu kopieren. Er muss erkennen, dass er zu beidem nicht in der Lage ist, und entschließt sich, sein Haus und seinen Beruf aufzugeben. In dem Augenblick tritt Grenouille in sein Leben, der sich bereit und in der Lage zeigt, nicht nur das Parfum zu analysieren und zu kopieren, sondern es auch zu verbessern, wenngleich er keine der üblichen handwerklichen Techniken und Verfahren beherrscht. Baldini handelt dem Gerber Grimal dessen Gehilfen für eine bedeutende Summe ab. Damit beginnt der erneute Aufstieg seines Hauses zu nationalem, ja europäischem Ansehen (S. 114).

Parfümeur mit Duftproben

Baldini erfasst die genialen Fähigkeiten Grenouilles. Er kann zwar nicht begreifen, wie jemand auf so chaotische Art und Weise derart exzellente Düfte komponieren kann, aber er nimmt die Resultate zur Kenntnis und erkennt sie voll an. Er versteht es, Grenouille so weit zu bringen, dass dieser in nachvollziehbaren Prozessen seine Düfte kreiert, und gewinnt so unendlich viele Rezepte für immer neue und immer bessere Düfte. Er erweist sich als tüchtiger Geschäftsmann, expandiert im großen Stil. Aber eines Tages gerät er in Panik, als er feststellen muss, dass Grenouille lebensgefährlich erkrankt ist. Er scheut keine Mittel, um Grenouille die beste medizinische Betreuung zukommen zu lassen. Nach Grenouilles Genesung stellt er ihm in Aussicht, ihm den Gesellenbrief zu verschaffen, sofern er sich nur wohl verhält. Grenouille lässt sich weiterhin ausbeuten und erhält schließlich den gewünschten Abschluss. In der Nacht nach Grenouilles Abreise bricht ein Teil der Brücke ein und mit ihm stürzt Baldini mitsamt seinem Haus in die Seine.

Zwar beutet Baldini seinen Lehrling Grenouille schamlos aus, doch der profitiert auch von seinem Meister. Er lernt nicht nur die große Welt der Gerüche umfassend und eingehend kennen. Da Baldini ihn zwingt, handwerkliche Verfahren und Begriffe zu verwenden, lernt er so erste Techniken der Duftgewinnung kennen und verwenden, was später für ihn wichtig werden soll.

Marquis de la Taillade-Espinasse (S. 177–208)

Heute würde man den Marquis als einen exzentrischen Spinner bezeichnen, der es sich aufgrund seines Reichtums leisten kann, verrückte Ideen zu verfolgen und Theorien in die Welt zu setzen, die wenig mit der Wirklichkeit zu tun haben. In seine Obhut kommt der völlig verwahrloste Grenouille nach sieben Jahren Einsamkeit und Menschenferne. Der Marquis benutzt ihn, um eine seiner exzentrischen Theorien zu „beweisen". Er führt mit Grenouille ein größeres Täuschungsmanöver durch, wobei nicht ganz klar wird, ob er auch selbst seiner eigenen Täuschung aufsitzt. Grenouille jedenfalls durchschaut das Verfahren und erkennt, wie die äußere „Maskerade", Kosmetik und Kostümierung, aus ihm wieder einen Menschen machen, ohne dass sich wirklich etwas verändert. Die Rückkehr in die Welt der Menschen komplettiert er, indem er in einem parallelen Prozess sich auch ein „geruchliches Kostüm", einen Menschenduft, zulegt.

Madame Arnulfi (S. 219–287)

Madame Arnulfi, eine „lebhafte schwarzhaarige Frau von vielleicht dreißig Jahren" (S. 219) lernen wir kennen als die Witwe eines wohlhabenden Parfümeurs in Grasse, die das Geschäft ihres Mannes mithilfe eines Gesellen weiterführt. Sie beschränkt ihre Tätigkeit auf den Verwaltungsbereich. Im Übrigen hören wir nur von ihr, dass sie gelegentlich mit dem ersten Gesellen ins Bett geht, ihn auch später heiratet. Sie wie ihr Geselle und späterer Mann nehmen Grenouille auf. Bei ihnen lernt er die verschiedenen Techniken der Duftgewinnung. Es bietet sich ihm hier die Möglichkeit, intensiv in das Parfümeur-Handwerk einzudringen, eigene Experimente durchzuführen, in einem Gartenhaus in Abgeschiedenheit zu leben und ungestört sein eigentliches Ziel zu verfolgen.

Die Mädchen (S. 54–56; 214–219; 241–243; 246–253; 254–279)

Bei dieser Gruppe von Figuren ist vieles anders als bei den übrigen Beteiligten. Während die anderen Figuren Grenouille letztendlich benutzt und ausgebeutet haben, ihm dafür aber auch einiges geben mussten, haben die Mädchen überhaupt keinen Kontakt zu Grenouille. Sie sind seine Opfer, ohne dass er diesen Opfercharakter überhaupt zur Kenntnis nimmt. Wir erfahren sehr wenig von diesen Mädchen. Einzig interessant an ihnen ist ihr **Typus**: Sie gehören der gleichen Wesensart an,

> *jenem schwerblütigen Typ […], die wie aus dunklem Honig sind, glatt und süß und ungeheuer klebrig; die […] mit einem einzigen langsamen Peitschenschwung ihres Blickes den Raum beherrschen und dabei ruhig wie im Zentrum eines Wirbelsturms stehen.* (S. 247)

Junge Provençalin

Sie stehen am Übergang von der Mädchenzeit zum Frau-Sein. Sie sind ausnehmend schön, wobei nie ganz klar wird, ob diese Schönheit dem Betrachter nur durch den besonderen Duft, den die Mädchen verströmen, suggeriert wird.

Laure versammelt alle Positiveigenschaften in besonderer Steigerung in sich. Sie ist gerade 16 Jahre alt, hat dunkelrotes Haar und vermag es, alle Leute, selbst ihren Vater, so zu faszinieren, dass sie ihren Blick nicht mehr von ihr nehmen können. Ihr Vater ist der Einzige, der das System des Mädchenmörders durchschaut. Wenngleich er auch nicht erkennt, dass der Mörder es auf den Duft abgesehen hat, so sieht er doch, dass es sich um ein gewisses System handelt, in dem seine Tochter den „Schlussstein" bilden muss.

Grenouille interessiert an den Mädchen nicht ihr Äußeres, ihre Schönheit. Das alles nimmt er kaum wahr, er sieht sie nicht einmal an. Ihn interessiert nur der Duft. Dabei gibt es zwei Mädchen, die herausragen: Das erste, in Paris ermordet, liefert ihm den Duft schlechthin, der es ihm erlaubt, Ordnung in das Reich seiner Gerüche zu bringen. Das letzte, Laure, gibt ihm mit ihrem Duft die Möglichkeit, sich seinen Lebenstraum zu erfüllen, den perfekten Duft zu kreieren und damit zum größten Parfümeur aller Zeiten zu werden. Mit den beiden werden auch die zwei wesentlichen Markierungen seines Lebens umrissen: Einmal bringt er Ordnung in die Welt seiner Düfte, dann aber möchte er den Duft vervollkommnen und sieht den einzigen Sinn seines Lebens nun darin, diesen Duft zu konservieren und zu verfeinern.

Figuren um Grenouille

Figur	Absichten	Bedeutung für Grenouille
Mutter	will Grenouille loswerden; er bedroht ihr Leben	Leben
Ammen	ernähren Grenouille; weigern sich; Grenouille „saugt sie aus“	besondere Eigenschaft wird offenkundig
Madame Gaillard	versorgt Grenouille; wird bezahlt	Grenouille lernt erste Gerüche kennen; zeigt sich robust; wird versorgt
Grimal	nutzt Arbeitskraft Grenouilles aus	Grenouille schlägt sich durch; lernt immer mehr Gerüche kennen; erschließt sich Paris
Mädchen in Paris	[wird ermordet]	liefert den Duft und damit das Ordnungskriterium
Baldini	beutet Grenouille aus; benutzt dessen Können	Grenouille erlernt Techniken der Duftgewinnung; Gesellenbrief
Marquis	benutzt Grenouille als Beweis seiner Theorie	Grenouille wird „zivilisiert“; erkennt die Manipulierbarkeit der Menschen; schafft sich eigenen Duft
Madame Arnulfi	nutzt Grenouille als Arbeiter/Geselle aus	Grenouille erlernt weitere Techniken; erprobt die Techniken; kann sich in Abgeschiedenheit vorbereiten
Mädchen	[werden ermordet]	liefern Düfte
Laure	[wird ermordet]	liefert den Duft, den Kern des Parfums

5 Zentrale Motive

In dem Roman sind die Motive und die Personencharakterisierung Grenouilles eng miteinander verflochten, da die Hauptfigur selbst so vielschichtig ist und alle Motive sich in ihr vereinigen. Aus diesem Grund sind die Motive und die Charakterisierung hier nicht eindeutig voneinander zu trennen.

Die Ausnahmeerscheinung

Grenouille wird uns als der Ausnahmemensch überhaupt vorgestellt. Nicht nur seine Veranlagung und seine Eigenschaften, auch Lebenskonzept und Lebensvollzug weichen völlig von dem ab, was den durchschnittlichen Menschen ausmacht.

Seine Einzigartigkeit hängt mit zwei Eigenschaften zusammen: Grenouille hat **keinen Eigengeruch**, aber er hat eine **exzellente Nase**, die ihm äußerst differenzierende geruchliche Wahrnehmungen gestattet. Beide Merkmale bestimmen zwar sein Leben von Anfang an, sie reichen aber nicht aus, die Existenz zu sichern, ja, das Fehlen des Eigengeruchs gefährdet den Säugling, da ihn niemand versorgen will. Noch bei Madame Gaillard wird er zum Außenseiter. Sein Leben ist ständig bedroht.

Angesichts der extremen Gefährdungen seiner Existenz, die schon mit der Geburt beginnen, kommt seine wohl wichtigste Charaktereigenschaft (sofern man bei ihm von Charakter sprechen kann) zum Tragen. Zur verdeutlichenden Darstellung dieser Eigenschaft benutzt Süskind das Bild des Zeck.

Grenouille, der Zeck

Schon am Beginn seines Lebens wird Grenouille mit einem Zeck verglichen: „Er war **zäh** wie ein resistentes Bakterium und **genügsam** wie ein Zeck“ (S. 27). Die (aus menschlicher Sicht so gedeuteten) Eigenschaften des Zecks werden in seiner Geduld gesehen – er kann jahrelang warten, bis seine Zeit kommt –, er ist stur auf ein Ziel ausgerichtet, klein, unansehnlich, „damit ihn niemand zertrete“ (S. 29). Ihm hat das Leben nichts zu bieten als ein „immerwährendes Überwintern“ (S. 29). Um das zu erreichen, muss er zäh, robust, anspruchslos, aber auch stur sein und warten können, bis das Unwahrscheinliche eintritt. Seine Lebensäußerungen beschränken sich auf dieses **Warten**. Blind, taub, stumm und unscheinbar ist er auf seine Witterung, seinen Geruchssinn angewiesen. Erst wenn seine Gelegenheit gekommen ist, lässt er sich fallen und beißt zu (S. 29).

Zeck

Genau das sind die Eigenschaften, die Grenouille schon bei seiner Geburt braucht, um zu überleben. Aber auch bei Madame Gaillard braucht er diese Eigenschaften (S. 30) und noch viel mehr in der Gerberei, wo er seine **Lebensansprüche** auf ein Minimum reduziert, nur darauf ausgerichtet, „die Epoche der bevorstehenden Eiszeit zu überdauern: zäh, genügsam, unauffällig“ (S. 41), sein Leben zu fristen, zu überleben auch bei widrigen Umständen.

Nachdem Grenouille dann den zentralen Geruch gewittert hat, wird eine andere Eigenschaft des Zecks aktiviert: Hartnäckig und **zielstrebig** verfolgt er den Geruch, bis er das Mädchen gefunden hat. Dann lässt er sich – bildlich gesehen – ohne weitere Rücksichten **fallen**, tötet also das Mädchen, um in den Besitz des Geruchs zu kommen. Erst als sich ihm die Chance bietet, die Welt der Gerüche weiter zu erobern, ist für ihn „die Zeit des Überwinterns [...] vorbei“ (S. 43). Der Zeck regt sich wieder.

Bei Baldini hat Grenouille schon bei der ersten Begegnung die feste Absicht, „von hier die Welt aus den Angeln [zu] heben“ (S. 90).

> *Jetzt hat der Zeck […] Blut gewittert. Jahrelang war er still gewesen, in sich verkapselt, und hatte gewartet. Jetzt ließ er sich fallen auf Gedeih und Verderb, vollkommen hoffnungslos. Und deshalb war seine Sicherheit so groß.* (S. 90)

Bei allen Handlungen Grenouilles fallen besonders seine absolute **Zielstrebigkeit** und **Selbstgewissheit** auf. Nie überkommt ihn auch nur der geringste Zweifel an der Richtigkeit seines Handelns oder der Gedanke an ein mögliches Scheitern. Umso überraschender trifft ihn jedoch das Scheitern am Ende.

Schließlich hat er, wenn er sich klein wie der Zeck zusammenrollt, die Gabe, sich „tiefer und tiefer in sich hinein" zu versenken, in seine „innere Festung". Dort kann er dann geruchliche Siegesfeste träumend feiern (S. 114).

Nur an einer Stelle im Roman wechselt der Autor das Bild: Grenouille, „der Zeck, [ist] empfindlich geworden wie ein **Krebs**, der sein Muschelgehäuse verlassen hat und nackt durchs Meer wandert" (S. 168). In seiner Höhle am Plomb du Cantal hilft ihm seine Abgestumpftheit und Sturheit nicht mehr weiter. Hier, zurückgeworfen auf sich selbst, wird er, der in der Welt der Gerüche lebt, für den es nur die Welt der Gerüche gibt, immer sensibler für das wenige, was an Gerüchen an dieser Stelle noch vorhanden ist. Jetzt nützt es auch nichts mehr, sich wie ein Zeck zusammenzukugeln und die Oberfläche zu verringern, jetzt ist er nur sich selbst ausgesetzt und wird damit verletzlich. Als dann aus der „Angst vor dem Wissen" (S. 175) Gewissheit wird, verlässt er den Ort, der ihn die größte Katastrophe seines Lebens erleben ließ, die zudem eben keine „äußere Katastrophe, sondern eine innere und daher besonders peinlich[e] ist, denn sie blockiert Grenouilles bevorzugten Fluchtweg" (S. 170). Im Traum läuft er Gefahr, am Nebel seines eigenen (Nicht-)Geruchs zu ertrinken. Mit einem Schrei befreit er sich und erwacht. Er kann die Situation aber nur bewältigen, indem er alles daran setzt, sich einen Eigengeruch zu schaffen.

Das Bild des Zecks wird wieder aktuell, als Grenouille in Grasse dem Duft Laures begegnet. Nun geht es ihm darum, den Geruch zu besitzen und gleichzeitig mit der Angst fertig zu werden, den Duft zu verlieren. Jetzt „sieht der Zeck Grenouille [sich] vor die Wahl gestellt, in sich selbst zu vertrocknen oder sich fallenzulassen" (S. 244). Grenouille entscheidet sich für den Duft, lässt sich fallen und weiß, dass dieser Fall „sein letzter sein [wird]" (S. 244). Mit anderen Worten: In dem Augenblick, in dem Grenouille sich dafür entscheidet, Laures Duft zu gewinnen, weiß er bereits eines: Dies bedeutet auch für ihn wohl das Ende.

Wiederum wird eine der wesentlichen Eigenschaften des Zecks auch für ihn bestimmend: Beharrlich und ausdauernd eignet er sich Techniken der Duftgewinnung und -konservierung an, mit gleicher Ausdauer bereitet er die Schaffung des Parfums vor und ermordet die Mädchen, bis er schließlich am Ziel ist und das perfekte Parfum herstellen kann.

6 Der Erzähler und seine Figuren

Grenouille, der Protagonist

Schauen wir uns den Erzähleingang genauer an, stellen wir fest: Die Hauptfigur Grenouille wird schon vor ihrer Geburt in den **Mittelpunkt des Geschehens** gerückt. Zumindest als Scheusal wird sie an die Spitze einer Reihe von Scheusalen gestellt, die alle bekannt sind und gewissermaßen „Geschichte gemacht" haben. Gleichzeitig wird sein Charakter als geniale Ausnahmeerscheinung präsentiert.

Nach dieser „Setzung" wird der **zeitliche Rahmen** angegeben, innerhalb dessen die für den Protagonisten entscheidende Zeiterscheinung, der phänomenale Gestank, so detailliert dargestellt wird, dass der Leser mehr und mehr in die geruchliche Welt hineingenommen wird. Der Erzähler bedient sich dabei eines ganz spezifischen Phänomens: Der Mensch ist emotional sehr stark von Gerüchen abhängig, kann diese Abhängigkeit aber kaum rational erfassen oder gar steuern. Gleichzeitig gibt es in der Standardsprache nur ganz wenige Wörter, die es erlauben, Gerüche zu identifizieren. Will man Genaueres benennen, muss man auf Hilfskonstruktionen (Vergleiche, Ausweichen auf andere Sinnesorgane usw.) zurückgreifen.

Der Erzähler spricht nun nicht einfach nur vom „Gestank" (das tut er auch!), sondern er zählt auf, was alles in welcher Art und Weise stinkt. Gerade diese **Aufzählung** aber macht die angesprochenen Gerüche konkret, nachvollziehbar, ja, es werden unter Umgehung des Verstandes (Geruchs-)Erinnerungen aktiviert, die mehr und mehr ein inneres Bild zusammensetzen, das auch für den Leser entsteht. Dabei ist gerade der heutige, von Seifen, Deodorants und ähnlichen Produkten moderner Zivilisation auf geruchliche „Reinheit" getrimmte Leser besonders empfänglich für die Gerüche, die ihm hier angeboten werden.

Ein zweites Verfahren können wir beobachten: Nach der zeitlichen Fixierung im achtzehnten Jahrhundert wird in einer breit angelegten Aufzählung das gesamte Reich beschrieben, ehe sich der Betrachtungswinkel verengt und auf Paris, das Zentrum des Reiches, konzentriert. Der geografischen **Konzentration** entspricht die geruchliche Konzentration: „[...] in Paris [ist] der Gestank am größten ..." (S. 6). In Paris steigert sich der Gestank an einem Ort ganz besonders: am Cimetière des Innocents, dem Friedhof, auf dem man achthundert Jahre lang die Toten der Hospize notdürftig in lange Gräben geschüttet hat. Der „allerstinkendste Ort des gesamten Königreichs" wird im Gestank nochmals übertroffen von der Fischbude in der Nähe. Und genau an diesem Punkt wird Grenouille geboren.

Geografische und geruchliche Zuspitzung im Erzähleingang

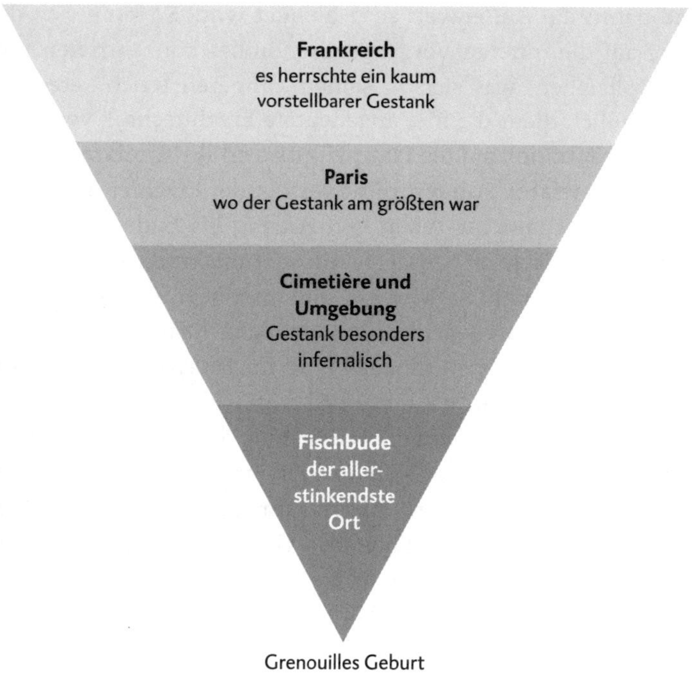

Die hier vorgestellte Technik der **perspektivischen Zuspitzung** beim Erzählen begegnet uns immer wieder, wenn ein konkretes Ereignis oder eine konkrete Figur in einen übergreifenden Rahmen gestellt werden soll. Sie wird zudem eingesetzt, wenn das Augenmerk des Lesers auf ein besonderes Phänomen konzentriert werden soll.

So wird die Annäherung an den Plomb du Cantal dargestellt als ein allmähliches Verlassen der menschlichen Sphäre. Die Menschen verschwinden aus dem Blickfeld, nur noch ihr (übler) Geruch begleitet den Wandernden eine Zeit lang, dann verschwindet auch dieser. Die komplementäre Bewegung bringt den Leser mit dem Protagonisten zusammen immer näher an den Plomb du Cantal, bis schließlich alles auf die Höhle zuläuft und damit die Außenwelt ausgeblendet wird. So kann sich der Leser auf die inneren Vorgänge Grenouilles konzentrieren und nachvollziehen, was sich in seinem „inneren Reich" ereignet. Letztendlich dient die hier angedeutete Erzähltechnik vor allem der Konzentration auf die **Hauptfigur und ihr Erleben**.

In **auktorialer Souveränität** verfügt der Erzähler über seine Figuren. Er kennt ihr Leben von Anfang bis Ende, kennt ihre Motive und Ziele, kann sie in Erinnerung rufen und vorausschauend andeuten. So wird es ihm ermöglicht, Figuren, die aus dem Geschehen ausscheiden und nicht gleich sterben, weit über die erzählte Romanzeit hinaus bis an ihr Lebensende zu verfolgen (Madame Gaillard).

Wenn es allerdings um die Darstellung der Haltung, des inneren Erlebens der Figuren geht, nähert er sich der **personalen Erzählhaltung**. Auf diese Weise kann der Leser aus der Perspektive der erlebenden Figur das Geschehen nachvollziehen. Das wird besonders wichtig, als wesentliches inneres Geschehen beschrieben wird, also etwa bei den Orgien, die Grenouille am Plomb du Cantal feiert.

Die übrigen Figuren

Eigentlich geht es im ganzen Roman ausschließlich um Grenouille, die anderen Figuren sind bestenfalls „Nebenfiguren". Sie sind nur interessant, soweit sie im Leben Grenouilles eine Rolle spielen.

Die Mutter: Sie fungiert nur als Gebärende. Als sie das Leben Grenouilles bedroht, wird sie verurteilt und hingerichtet.

Madame Gaillard: Sie hat als Amme eine besondere Bedeutung für Grenouille, da sie sich nicht an seiner Besonderheit stört. Den Grund dafür muss der Erzähler in einer Rückblende ihrer Lebensgeschichte erläutern. Ihre Handlungsmotive werden ausführlicher dargestellt, da sie für ihr Verhalten gegenüber Grenouille von Bedeutung sind. Der auktoriale Erzähler erzählt ihr Leben an der Stelle zu Ende, an der Madame Gaillards Bedeutung für Grenouille endet. Dafür geht er weit über die erzählte Zeit des Romans hinaus.

Baldini: Er wird in epischer Breite eingeführt, hat eine Lebensgeschichte, die dem Leser mitgeteilt wird, reflektiert über Gegenwart, Vergangenheit und Zukunft, beurteilt die Gegenwart und zieht Schlüsse. Der Erzähler überblickt Baldinis Leben, kennt seine Geheimnisse und weiß auch, was hinter den Urteilen Baldinis steckt.

Marquis: Der Marquis wird knapp eingeführt und entsprechend seiner „Geisteshaltung" („Aufklärer") als Exzentriker dargestellt. Der Erzähler bewahrt Distanz, stellt die Theorien des Marquis aus ironischer Distanz dar und begleitet den Marquis auf seinem letzten Experiment gewissermaßen als objektiv-außenstehender Chronist. Gerade hier wird der Unterschied in der Erzählhaltung besonders deutlich: Wo es um Grenouille geht, sein allmähliches Durchschauen der Gaukeleien, seine Schlussfolgerungen und Erkenntnisse, lässt der Erzähler den Leser wiederum am inneren Geschehen teilnehmen, lässt sogar eine gewisse Sympathie erkennen und provoziert sie beim Leser.

Gesamtschau

Die Figuren sind **rein funktional** eingesetzt. Ihre Bedeutung wird erkennbar an der **Erzählzeit**, die der Erzähler für ihre Einführung und die Darstellung ihrer Lebensumstände einsetzt. Keine Figur begleitet Grenouille durch sein ganzes Leben. Entsprechend muss der Erzähler immer wieder neu mit der Beschreibung einsetzen, wenn eine weitere Figur in das Leben Grenouilles tritt.

Funktion der Figuren um Grenouille

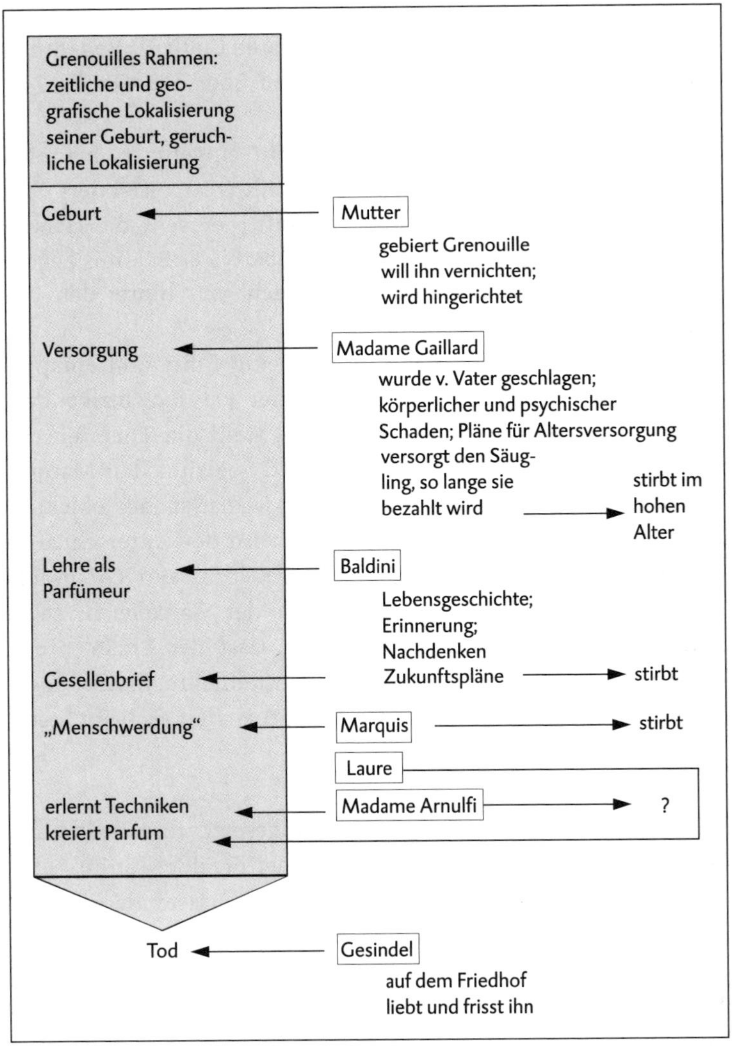

7 Sprache

Einige Momente fallen besonders auf, wenn wir die Sprache Süskinds genauer betrachten.

Zum Ersten begibt sich Süskind – das liegt an der spezifischen Konstitution seines Helden – auf ein Gebiet, das in sprachlicher Hinsicht nur ungenügend erschlossen ist. Die wenigen Begriffe, die das Deutsche für die **Bezeichnung von Gerüchen bzw. von olfaktorischen Gegebenheiten** bereithält, reichen bei weitem nicht aus, um das zum Ausdruck zu bringen, was im Roman konkret aktuell ist. Natürlich nutzt Süskind diese Begriffe besonders intensiv. So taucht z. B. im zweiten Abschnitt des ersten Kapitels das Verb „stinken" 17-mal auf. Im Übrigen nutzt Süskind alle verfügbaren Mittel, um Gerüche in Sprache zu fassen und sie für den Leser gewissermaßen „riechbar" zu machen. So verwendet er nicht nur **Vergleiche** und **Metaphern** („Veilchenduft", „süß wie Nußöl", S. 54), sondern er bedient sich auch **synästhetischer Kombinationen** (d. h. es wird mit mehreren Sinnen zugleich wahrgenommen), um Wahrnehmungen aus einem anderen Sinnesbereich mit olfaktorischen Gegebenheiten zu koppeln („frisch", „süß", S. 54).

Auf der Ebene des Satzbaus fallen zum Zweiten besonders die häufigen **Reihungen** (asyndetisch, polysyndetisch) auf, die schon fast barock anmutenden Aufzählungen und **Wiederholungen** (auch im parallel angelegten Satz), vor allem aber die kontrastierenden **Antithesen**, die immer wieder eingesetzt werden, um ausgesprochen scharf zu profilieren.

Zum Dritten sind die **Techniken der Steigerung** wahrzunehmen. Häufig werden Superlative, auch etwas außergewöhnliche Formen, eingesetzt („der allerstinkendste Ort"). Die Superlative werden als kalkulierte Effekte leserbezogen eingesetzt, in ihrer Häufung wirken sie besonders eindringlich, ja sogar suggestiv.

8 Interpretation von Schlüsselstellen

Grenouille, Herrscher im Grenouillereich (Kapitel 26)

In Kapitel 26 lernen wir Grenouille als Herrscher seines „inneren Imperiums" kennen. Auf dem Weg von Paris nach Grasse hat er sich immer mehr von den Menschen entfernt und ist nun auf dem Plomb du Cantal angekommen, dem menschenfernsten Punkt des ganzen Königreichs (S. 152). Er wird nicht mehr abgelenkt oder irritiert durch menschliche Gerüche und kann sich ganz und gar auf sich selbst konzentrieren. Die Lebensäußerungen werden auf ein Minimum reduziert, nur das Allernotwendigste wird getan, selbst die Nahrungsaufnahme beschränkt sich auf die Lebenserhaltung.

Die meiste Zeit verbringt Grenouille in der Höhle, dem „weltfernen steinernen Grab" (S. 176). Die Konzentration auf sich selbst und sein Inneres kann für Grenouille nur bedeuten: Konzentration auf die Welt der Gerüche und zwar der Gerüche, die sein geniales Geruchsgedächtnis gespeichert hat. Von Geburt an haben sich in seinem inneren Imperium die „Konturen aller Gerüche eingegraben" (S. 158). In seinem Reich hat Grenouille Ordnung geschaffen und so kann er vom „einzigartige[n] Grenouillereich" sprechen, einem Reich, das „von ihm, dem einzigartigen Grenouille erschaffen und beherrscht" wird (S. 161). Hier kann er schalten und walten, wie er möchte. Hier schafft er eine Ordnung, eine Welt und damit eine „Weltordnung", in der nur sein Wille gilt, „der Wille des großen, herrlichen, einzigartigen Grenouille" (ebd.).

In seinem inneren Reich ist er der Einzige, er hat alles geschaffen, von seinem Willen ist alles abhängig, er erhält alles. Konsequent bedient sich der Erzähler der biblischen Ausdrucksweise, wenn er von Grenouille sagt: „Und er sah, daß es gut war […]" (ebd.). Hier wird besonders deutlich, wie Grenouille sich versteht. Er ist das Genie, das aus sich heraus schafft, das

Gesetze gibt und verwirft, das Ordnungen errichtet und zerstört nach eigenem Gutdünken, ohne sich irgendwo zu orientieren, einzig und allein auf sich selbst gestellt und aus sich heraus Notwendigkeiten ableitend.

Grenouille als Muster eines genialen Künstlers ist am Ende von der Richtigkeit seines Handelns wie von der Größe seines Werks überzeugt. Auch das signalisiert der an die Bibel erinnernde Sprachgebrauch: „[...] er blies den Wind seines Odems über das Land [...]“ (S. 162). So wird offenkundig: Grenouille, das Genie, ist nicht von außen zu beurteilen, er beugt sich keinen Gesetzen oder Normen, die von außen an ihn heran getragen werden. Er schafft aus sich heraus. Und was er schafft, ist, sofern es nur den von ihm selbst entwickelten Ansprüchen genügt, gut.

Logisch stringent wird im folgenden Kapitel die Heimkehr zu sich selbst geschildert, die jeweils in einer Duftorgie endet, welche wiederum im Genuss der Erinnerung an den Duft des in Paris ermordeten Mädchens gipfelt.

Alles Täuschung: Zwei aufeinander zu beziehende Stellen (S. 184–186 und S. 195–199)

Der Marquis kümmert sich um Grenouille, welcher nach sieben Jahren in der Einsamkeit völlig verwildert in die menschliche Gesellschaft zurückkehrt. Der Marquis möchte seine Theorie beweisen, führt Grenouille zunächst als „wildes Tier“ vor, um ihm dann eine Kur im Sinne seiner Theorie zu verpassen und ihn anschließend als wohl geformtes Mitglied der menschlichen Gesellschaft präsentieren zu können. Allerdings, und hier setzt der Text S. 184 ein, beruht die Verwandlung Grenouilles keineswegs auf der „Entseuchungs- und Revitalisierungskur“ (S. 183). Vielmehr sind es die Manipulationen des Marquis und seiner Gehilfen, die Grenouille ein menschliches Aussehen verleihen. Das erkennt Grenouille und gewinnt gleichzeitig eine für seinen weiteren Lebensweg besonders wichtige Erkenntnis: Zunächst verblüfft es ihn, dass er so „unglaublich normal" (S. 185) aussieht. Es war nicht der Hokuspokus des Marquis, der einen ganz normalen Menschen aus ihm gemacht hat, sondern „einzig und allein die paar Kleider, der Haarschnitt und das bißchen kosmetischer Maskerade" (S. 186).

Damit wird Grenouille bewusst: Es lassen sich durch äußere Manipulationen verblüffende Wirkungen erzielen. Vieles lässt sich vortäuschen. Er muss nun nur noch einen kleinen Schritt tun bis zur Erkenntnis: Die äußere Menschwerdung lässt sich noch komplettieren. Was er beim Marquis und dessen Manipulationen erkannt hat, muss er noch auf sein ureigenstes Gebiet, den Bereich des Geruchs, übertragen und erkennen, dass er sich den Duft des Menschlichen geben kann.

Damit sind wir bei der zweiten Stelle. Nachdem Grenouille klar geworden ist, dass er mithilfe eines zu kreierenden Duftes die Menschen dahingehend täuschen kann, dass sie ihn, falls er sich einen solchen Duft zulegt, als Ihresgleichen akzeptieren und sich dadurch täuschen lassen, braucht er sich nur noch diesen Duft zu mischen. Das stellt für ihn kein Problem dar und er kann die Menschen nach Belieben manipulieren.

Grenouille hat zwar, nachdem er seinen Duft besitzt, zunächst noch ein wenig Angst, doch das gibt sich sehr schnell. Er erkennt, „daß er eine Wirkung auf die Menschen ausübt[e]" (S. 195). Mit der Erkenntnis, wie er mittels künstlicher Düfte die Menschen manipulieren kann, verliert Grenouille seine letzte Angst und Achtung vor den Menschen. Er verachtet sie, „weil sie stinkend dumm" (S. 197) sind. So wird er sich der eigenen Macht mehr und mehr bewusst. Der Marquis konnte durch wenige Manipulationen, indem er das Äußere veränderte, die Menschen täuschen. Daraus leitet Grenouille sein eigenes Verfahren ab und erkennt nun, dass er, „dank seinem eigenen Genie, den Duft des Menschen" (S. 198) nachschaffen und die Menschen so nach Belieben täuschen kann.

Seine Logik aber reicht noch entschieden weiter. Wenn er schon menschlichen Duft schaffen kann, dann kann er auch einen Duft kreieren, der „nicht nur menschlich, sondern übermenschlich" (S. 198) ist, und er führt die Überlegung noch fort: Tritt er selbst als Träger dieses Duftes auf, muss er von den Menschen geliebt werden. So entsteht sein Plan, den er immer feiner ausarbeitet. Er gibt sich nicht mit der Liebe zufrieden, die Menschen sollen ihn vielmehr „lieben bis zum Wahnsinn, bis zur Selbstaufgabe" (S. 198).

In letzter Steigerung sieht er sich als „der omnipotente Gott des Duftes" (S. 198), nun aber nicht mehr nur in seinen Träumen, wie das am Plomb du Cantal der Fall war, sondern in der Wirklichkeit, die von ihm beeinflusst werden kann. Seiner Erfahrung nach ist es möglich, solche Düfte zu kreieren. Folglich wird er sie auch schaffen und sich so zum Gott des Duftes machen, dem die Menschen ausgeliefert sein werden, denn, so erkennt er, „wer die Gerüche beherrscht[e], der beherrscht[e] die Herzen der Menschen" (S. 199).

Grenouilles großer Auftritt und dessen erzählerische Realisation (Kapitel 49)

In Kapitel 49 werden breit und ausführlich sowohl die Vorbereitungen der Hinrichtung Grenouilles geschildert sowie das, was geschieht, als Grenouille an der Hinrichtungsstätte erscheint.

24 Morde konnte Grenouille verüben, ohne die geringste Spur zu hinterlassen. Auch der Mord an Laure wäre wohl nicht mit ihm in Zusammenhang gebracht worden, wenn er selbst auf eine weitere Verschleierung Wert gelegt hätte. Allerdings stellt für ihn die Tat kein Verbrechen dar, vielmehr leitet sie den Höhepunkt seiner „künstlerischen Tätigkeit" ein. Es gibt keine Notwendigkeit mehr, weiterhin auf eine Verheimlichung zu achten. So nimmt er äußerst gelassen seine Festnahme und seine Verurteilung hin. Er erscheint geradezu unbeteiligt, desinteressiert.

Die Vorbereitungen der Hinrichtung werden breit geschildert. Schon lange vor Beginn füllen sich die Tribünen. Das große Schauspiel, der Showdown, wird vorbereitet, die Spannung wird mehr und mehr gesteigert, eine Verzögerung tritt im Erzählen ein (S. 297). Endlich, als man schon meint, „die Spannung könne nicht länger andauern“ (ebd.), beginnt der große Auftritt: Grenouille fährt in einer Kutsche vor. Schon dieser äußere Umstand, der von der üblichen Prozedur, dem Vorfahren im Eselskarren, gewaltig abweicht, kündigt Unerhörtes an. Das Unerhörte wird theatralisch inszeniert (es findet sich auf S. 298 tatsächlich ein Verweis auf das Theater).

Als dann Grenouille schließlich der Kutsche entsteigt, geschieht „ein Wunder“ (S. 299). Worin dieses Wunder selbst besteht, wird zunächst verschwiegen. Es wird vielmehr über einen ganzen Abschnitt hinweg (S. 299) das Unbegreifliche, das Unerhörte angekündigt, ohne dass gesagt wird, was sich tatsächlich abspielt. So wird die Spannung weiter gesteigert. Der Leser weiß zwar, dass ihn etwas erwartet, mit dem, sofern man sich auf die Zuverlässigkeit der normalen Abläufe verlässt, nicht gerechnet werden kann, mit dem er allerdings, inzwischen vertraut mit der Figur des Grenouille, wohl insgeheim gerechnet hat. Es wirkt fast selbstverständlich, wenn der Leser unter die Zuschauer des Spektakels tritt und mit ihnen fühlt, sieht, wahrnimmt und schließlich mit ihnen zur Überzeugung kommt: Grenouille „könne *unmöglich ein Mörder* sein“ (ebd.).

Der Zwiespalt bestimmt die weitere Erzählweise: Das Hin- und Herschwanken zwischen dem Wissen um die grausamen Taten des Delinquenten, andererseits aber die konkrete Situation und die Wahrnehmung des Mannes, der da ausgestiegen ist und „die Unschuld in Person“ (S. 300) zu sein scheint. Dabei handelt es sich wohl nicht um die subjektive Wahrnehmung eines Einzelnen, vielmehr sind sich alle, „vom Bischof bis zum Limonadenverkäufer“ (ebd.), darin einig. Auch hier wird die Erzählweise wiederum interessant. Die Perspektive gibt einmal die Wahrnehmung Einzelner wieder, dann aber spiegelt sie die Sinneseindrücke aller: Papon, der Henker, nimmt wahr, aber auch die zehntausend Männer und Frauen nehmen dasselbe wahr. Alle Wahrnehmung gipfelt zunächst in „einem Gefühl von Zuneigung, von Zärtlichkeit" (S. 300). Plastisch wird das Gefühl, das jeden Einzelnen in der Menge heimsucht, dargestellt: Es wird verglichen mit dem Weinen, gegen das man sich nicht wehren kann. Sie können sich nicht wehren, sind ihm haltlos ausgeliefert, diesem „kleinen Mann[es] im blauen Rock" (S. 301), und können nur eines feststellen: Sie lieben ihn.

An dieser Stelle wendet sich der Erzähler Grenouille selbst zu. Er setzt in sachlichem Erzählton ein, berichtet von Grenouilles Stehen, wendet sich danach seiner nächsten Umgebung zu, stellt die Haltung und Unterwerfungsgesten der Einzelnen dar, konfrontiert ihre Haltung mit dem, was ihre eigentliche Pflicht wäre, und konturiert so das Außergewöhnliche in ihrem Verhalten umso schärfer. Die Darstellung des Kreises der Reagierenden erweitert sich immer mehr, die Honoratioren, die Damen in der näheren Umgebung, schließlich das Volk jenseits der Barrikaden werden in den Blick genommen. Sie alle geben sich immer schamloser dem unheimlichen Gefühlsrausch hin (S. 302).

Eine letzte Steigerung wird erreicht, indem die Träger der Reaktionen aufgezählt und in Extrempaaren kontrastiv gegenübergestellt werden (Nonnen – Satansgläubige, Aufgeklärte – kleine Mädchen, S. 303). Ihnen erscheint Grenouille entsprechend ihrem Lebenskonzept als Heiland oder Satan.

Als die Reaktionen in eine Mischung von hysterischem Schreien, süßem Schweißgeruch, Lust und Gestöhn der zehntausend „Menschentiere" münden, setzt die Erzählung neu ein.

Wiederum beginnt sie mit Grenouille und seiner Reaktion. „Grenouille stand und lächelte." (S. 304) Allerdings wird das Lächeln sofort relativiert und als „zynisches Grinsen" entlarvt, als Zeichen seines Triumphs. Er hat nun sein Lebensziel erreicht, ist „noch größer als Prometheus“ (S. 304). Seine Träume, die ihn am Plomb du Cantal begeistert hatten, sind nun verwirklicht. Der Triumph aber wird ihm „fürchterlich“, Grenouille empfindet nur noch „Ekel vor den Menschen“ (S. 305).

Die Ursache des Ekels muss allerdings genauer untersucht werden. Zwar, so teilt der Erzähler mit, wird Grenouille klar, dass er in der Liebe keine Erfüllung finden werde, „sondern immer nur im Haß [...], im Hassen und Gehaßtwerden“ (S. 306), aber genau da stößt er an seine Grenzen. Die Menschen lieben nicht ihn, sie werden von seinem Parfum manipuliert. Er selbst existiert nicht, er ist lediglich Träger des Geruchs, den er kreiert hat. Dieses Parfum hat am Ende nichts mit ihm selbst zu tun, ist „nur“ sein Werk. Die Menschen nehmen von ihm „nichts wahr als seine angemaßte Aura, seine Duftmaske, sein geraubtes Parfum“ (S. 306). Keiner dringt zu ihm vor. Seine Kreation blendet sie.

Überträgt man die hier erkennbaren Strukturen auf den Bereich Künstler – Kunstwerk – Gesellschaft, so ergeben sich bedenkenswerte Erkenntnisse:

Das Genie hat ohne Rücksicht auf gesellschaftliche Normen oder mitmenschliche Gegebenheiten und Verpflichtungen gehandelt und seine Kunst geschaffen. Die Rezipienten sehen nur noch die Kunst, nicht mehr das Monströse, das hinter dem Schaffensprozess steht, oder gar das Scheusal, das als Genie die Kunst hervorgebracht hat. Zu fragen bleibt nun, ob eine Haltung zu rechtfertigen ist, die dem Kunstwerk einen so hohen Rang einräumt, dass nicht mehr nach den Bedingungen gefragt wird, unter denen es zustande kam.

In letzter Konsequenz muss Grenouille nun einen Weg suchen, der ihm, wenn nicht die Liebe, so doch den Hass seiner Umgebung zuzieht, und zwar ihm selbst, nicht seiner Kreation.

Zur Rezeption

Das Parfum ist der größte deutschsprachige Bucherfolg nach Erich Maria Remarques *Im Westen nichts Neues.* Die Auflage beträgt heute 3 Millionen, davon 1,5 Millionen als Hardcover. Das Buch stand zehn Jahre lang auf der *Spiegel*-Bestsellerliste.

Zum Langzeiterfolg dürfte auch beigetragen haben, dass sich der Roman schnell als **Schullektüre** durchgesetzt hat. Nicht nur die Rezensenten vieler Zeitungen und Zeitschriften, auch die Autoren von Interpretationsbänden und Fachzeitschriften nahmen sich des Bestsellers an. An ihm entzündete sich mancher Streit über literarische Qualität und Verkaufserfolg, über postmodernes Schreiben und Sensationsdarstellung.

Es ist nicht ganz einfach, den Roman einem **Genre** zuzuordnen, ja, an seinem Beispiel wird die Fragwürdigkeit solcher Zuordnungsversuche überhaupt offenkundig.

Natürlich handelt es sich um einen **Kriminalroman**. Schließlich geht es um 26 Morde und einen Mörder, der lange Zeit nicht gefasst wird, der sich dann fangen lässt, um anlässlich seiner Hinrichtung einen ganz großen Auftritt zu inszenieren.

Gerade das „Scheusal" und seine zum Teil makabren Verhaltensweisen verleihen dem Roman Züge eines **Horrorromans**.

Genauso gut könnte man von einem **Entwicklungsroman** sprechen. Der „Held" durchläuft eine Entwicklung, die vom Säugling, der bei seiner Geburt fast getötet worden wäre, über den Außenseiter bis zum besessen Lernenden reicht, der harte Lehrjahre hinter sich bringt. Er entwickelt sich allerdings nicht auf ein entferntes Ziel hin, sondern ist jemand, der etwas von Anfang an Vorhandenes entfaltet und vervollkommnet, und das allein und aus eigener Kraft.

Betrachtet man die zentrale Figur genauer, so wird man nicht umhin können, von einem **Künstlerroman** zu sprechen. Letztlich handelt es sich eben bei der zentralen Figur nicht einfach um ein Scheusal, wie der Romaneingang betont, sondern um ein begnadetes Genie, das für sich eine eigene, neue Wertewelt entwickelt und als absolut gültig setzt, das sein Schöpfertum über alles stellt und eine neue Welt aus sich heraus schafft. Die umgebende Welt wird getäuscht und manipuliert, aber auch bereichert und beglückt. Sie kann das Genie nicht begreifen, sie kann nicht einmal sein Werk ernsthaft würdigen, sie ist ihm einfach nur ausgeliefert.

Deutliche Merkmale eines **historischen Romans** lassen sich ebenfalls ausmachen. Eine Epoche wird uns vor Augen (besser: vor die Nase) geführt unter einem ganz bestimmten – historisch realistischen! – Aspekt, den wir nachvollziehen können. Ein Handwerk wird detailliert und sachgenau vorgestellt mit all seinen Werkzeugen, Verfahrensweisen und Produkten.

Deutlich werden zudem Elemente des **Schelmenromans** bzw. der **Satire**, wenn etwa Auswüchse der Aufklärung in den Versuchen und Spinnereien des Marquis geschildert werden.

Mit anderen Worten: „Anything goes!" und damit sind wir bei der **Postmoderne**, der der Roman immer wieder zugerechnet wird. Man kann dieser Zuordnung weder zustimmen noch widersprechen. Für die Rezipienten handelt es sich um einen offensichtlich erfolgreichen Roman, der immer wieder Leser findet, die sich von ihm fesseln lassen, ohne sich an ihm abarbeiten zu müssen. Wenn das „postmodern" ist, so sei es denn.

Alle Autoren, die sich mit dem Roman beschäftigt haben, waren sich aber stets in einem Punkt einig: Kaum ein anderes Buch **fasziniert** seine Leser so wie dieser Roman, dessen Held, ein geniales Scheusal, den Leser immer in der Schwebe hält zwischen Bewunderung und Entsetzen, zwischen Mitleid und Neid, zwischen Identifikation und Distanz.

Literaturhinweise

Zitierte Textausgabe (in alter Rechtschreibung):
Süskind, Patrick: *Das Parfum. Die Geschichte eines Mörders.* Zürich: Diogenes 1985

Agosta, William C.: *Dialog der Düfte: Chemische Kommunikation.* Heidelberg u. a. 1994

Burdach, Konrad J.: *Geschmack und Geruch. Gustatorische, olfaktorische und trigeminale Wahrnehmung.* Bern u. a. 1998

Corbin, Alain: *Pesthauch und Blütenduft. Eine Geschichte des Geruchs.* Berlin 1984

Das Buch, versehen mit etlichen Illustrationen, stellt das historisch verlässliche Sachbuch zu Süskinds Roman dar. Süskind, der in Paris lebt[e], dürfte das Buch gekannt haben.

Franke, Eckhard: *Patrick Süskind.* In: *Kritisches Lexikon zur deutschsprachigen Gegenwartsliteratur.* München: text+kritik, 39. Neuauflage, 1. 8. 1991

Kasper, Josef: *Die Nase als Nabel der Welt. Erkundungen und Reflexionen im Universum des Olfaktorischen.* In: *Der Deutschunterricht,* 48. Jg., 3/96, S. 42–48

Schardt, Friedel: *Patrick Süskind. Das Parfum.* In: Schardt, Friedel: *Wertorientierung durch Literatur? Entwicklungsromane im Deutschunterricht.* Stuttgart 1998, S. 226–240

Hallet, Wolfgang: *Das Genie als Mörder. Über Patrick Süskinds* „Das Parfum“. In: *Literatur für Leser.* 3/4 1989, S. 275–288

Die wichtigsten Stationen des Protagonisten werden erläutert und analysiert. Es finden sich viele Hinweise auf literaturhistorische Bezüge. Die Frage der Wirkung auf den heutigen Leser wird reflektiert.

Anmerkungen

1 Alain Corbin erläutert die Ursprünge des ungeheuren Gestanks, der Paris beherrscht: „Wenn man mich fragt, wie ein Mensch es hier aushält, in diesem dreckigen Schlupfwinkel aller nur denkbaren Laster und Übel, die sich vielschichtig übereinander häufen, inmitten einer von tausend fauligen Dämpfen vergifteten Luft, zwischen Schlachtereien, Totenäckern, Hospitälern, Abzugsrinnen, Urinbächen, Kothaufen, Färbereien, Lohgerbereien und Lederwerkstätten, umgeben von dem dauernden Rauch unglaublicher Holzmassen und dem Dunst der verbrannten Kohle, von arsenik-, schwefel- und pechhaltigen Teilchen, die laufend aus den kupfer- und metallverarbeitenden Werkstätten ausgestoßen werden: wenn man mich fragt, wie ein Mensch in diesem Abgrund leben kann, wo die stickige, stinkende Luft so dick ist, daß man die Atmosphäre auf mehr als drei Meilen im Umkreis spüren und riechen kann; wo die Luft keinen Abzug hat und sich im Labyrinth der Häuser um sich selbst dreht: wenn man mich fragt, wie ein Mensch freiwillig in diesem Gefängnis verrotten kann, [...] so würde ich antworten, daß die Gewohnheit uns Pariser mit den feuchten Nebelschwaden ebenso vertraut macht wie mit den schädlichen Dämpfen und dem faulen Schlamm." (Corbin, S. 78 f.)

2 Prometheus, Titan, gilt als der „Urrebell". Er schuf nach Hesiod die Menschen aus Ton, gab ihnen ihr Leben und brachte ihnen, den Göttern zum Trotz, das Feuer. Goethe lässt Prometheus sagen: „Hast du's nicht alles selbst vollendet,/Heilig glühend Herz?"

3 DUDEN (Das große Wörterbuch der deutschen Sprache in acht Bänden; ^{2}1994, Bd. 6) bringt als Beleg aus dem Schrifttum just die Fortsetzung der oben zitierten Stelle.

STARK Interpretationshilfen und Trainingsbände für die Oberstufe

Deutsch Interpretationen

Deutsch – Interpretationshilfen 1

Aus dem Inhalt: Goethe, *Faust*, *Iphigenie*; Schiller, *Maria Stuart*, *Wallenstein*, *Don Carlos*; Tieck, *Der blonde Eckbert*; E.T.A. Hoffmann, *Der goldne Topf*, Kleist, *Michael Kohlhaas*, *Prinz Friedrich von Homburg*; Eichendorff, *Aus dem Leben eines Taugenichts*; Büchner, *Woyzeck*, *Lenz*; Mörike, *Mozart auf der Reise nach Prag*; Fontane, *Effi Briest*, *Frau Jenny Treibel*; Hebbel, *Maria Magdalena*, Hauptmann, *Rose Bernd*, *Bahnwärter Thiel*

■ .... Best.-Nr. 94407

Deutsch – Vom Expressionismus bis zur Literatur der DDR

Aus dem Inhalt: Trakl, *Grodek;* Benn, *Mann und Frau gehen durch die Krebsbaracke;* Döblin, *Berlin Alexanderplatz;* Kästner, *Sachliche Romanze;* Rilke, *Der Panther;* Brecht, *Der gute Mensch von Sezuan*; Horváth, *Geschichten aus dem Wiener Wald;* Kafka, *Der Prozeß, Die Verwandlung;* H. Mann, *Der Untertan;* Musil, *Die Verwirrung des Zöglings Törleß;* Seghers, *Das siebte Kreuz,* Enzensberger, *Fremder Garten,* Bachmann, *Reklame;* Böll, *Die verlorene Ehre der Katharina Blum;* Dürrenmatt, *Die Physiker;* Frisch, *Homo faber;* Grass, *Die Blechtrommel;* Walser, *Ein fliehendes Pferd;* Weiss, *Verfolgung und Ermordung Jean Paul Marats;* Brecht: *Böser Morgen;* Biermann, *Und als wir ans Ufer kamen*; Wolf, *Kassandra*

■ .... Best.-Nr. 94408

Interpretationshilfen zu Einzellektüren:

Brecht: *Der aufhaltsame Aufstieg des Arturo Ui* .... Best.-Nr. 2400281
Brecht: *Der kaukasische Kreidekreis* .. Best.-Nr. 2400171
Brecht: *Leben des Galilei* .... Best.-Nr. 2400011
Brussig: *Am kürzeren Ende der Sonnenallee* .. Best.-Nr. 2400201
Büchner: *Dantons Tod* .... Best.-Nr. 2400121
Büchner: *Der Hessische Landbote* ...... Best.-Nr. 2400461
Büchner: *Lenz* .... Best.-Nr. 2400431
Büchner: *Leonce und Lena* .... Best.-Nr. 2400261
Büchner: *Woyzeck* .... Best.-Nr. 2400041
Camus: *L'Etranger/Der Fremde* .... Best.-Nr. 2550041
Dürrenmatt: *Der Besuch der alten Dame* .... Best.-Nr. 2400341
Eichendorff: *Aus dem Leben eines Taugenichts* ...... Best.-Nr. 2400071
Eichendorff: *Das Marmorbild* .... Best.-Nr. 2400081
Fontane: *Effi Briest* .... Best.-Nr. 2400371
Fontane: *Irrungen, Wirrungen* .... Best.-Nr. 2400401
Frisch: *Biedermann und die Brandstifter* ...... Best.-Nr. 2400531
Frisch: *Homo faber* .... Best.-Nr. 2400031
Goethe: *Faust I* .... Best.-Nr. 2400511
Goethe: *Gedichte (1771–1783)* .... Best.-Nr. 2400181
Goethe: *Die Leiden des jungen Werther* .... Best.-Nr. 2400051
Hein: *Der fremde Freund/Drachenblut* ...... Best.-Nr. 2400061
E.T.A. Hoffmann: *Der Sandmann* ...... Best.-Nr. 2400351
Kafka: *Der Proceß* .... Best.-Nr. 2400481
Kafka: *Die Verwandlung/Das Urteil* .. Best.-Nr. 2400141
Keller: *Romeo und Julia auf dem Dorfe* .... Best.-Nr. 2400321
Kerner: *Blueprint. Blaupause* .... Best.-Nr. 2400391
Kleist: *Der zerbrochne Krug* .... Best.-Nr. 2400541
Kleist: *Michael Kohlhaas* .... Best.-Nr. 2400111
Lessing: *Emilia Galotti* .... Best.-Nr. 2400191
Lessing: *Nathan der Weise* .... Best.-Nr. 2400501
Th. Mann: *Der Tod in Venedig* .... Best.-Nr. 2400291
Th. Mann: *Tonio Kröger/ Mario und der Zauberer* .... Best.-Nr. 2400151
Nooteboom: *Die folgende Geschichte* Best.-Nr. 2400251
Sartre: *Huis clos/ Geschlossene Gesellschaft* .... Best.-Nr. 2550051
Schiller: *Don Carlos* .... Best.-Nr. 2400161
Schiller: *Kabale und Liebe* .... Best.-Nr. 2400231
Schiller: *Die Räuber* .... Best.-Nr. 2400421
Schiller: *Maria Stuart* .... Best.-Nr. 2400271
Schlink: *Der Vorleser* .... Best.-Nr. 2400101
Schneider: *Schlafes Bruder* .... Best.-Nr. 2400021
Schnitzler: *Traumnovelle* .... Best.-Nr. 2400311
Sophokles: *Antigone* .... Best.-Nr. 2400221
Storm: *Der Schimmelreiter* .... Best.-Nr. 2400381
Strittmatter: *Raabe Baikal* .... Best.-Nr. 2400241
Süskind: *Das Parfum* .... Best.-Nr. 2400091
Timm: *Die Entdeckung der Currywurst* .... Best.-Nr. 2400301
Vanderbeke: *Das Muschelessen* .... Best.-Nr. 2400331
Zweig: *Schachnovelle* .... Best.-Nr. 2400441

Deutsch Training

Training Methoden Deutsch .... Best.-Nr. 944062
Dramen analysieren u. interpretieren Best.-Nr. 944092
Erörtern und Sachtexte analysieren .. Best.-Nr. 944094
Gedichte analysieren und interpretieren .... Best.-Nr. 944091
Epische Texte analysieren und interpretieren .... Best.-Nr. 944093
Übertritt in die Oberstufe .... Best.-Nr. 90409
Abitur-Wissen Erörtern und Sachtexte analysieren .. Best.-Nr. 944064
Abitur-Wissen Textinterpretation .... Best.-Nr. 944061
Abitur-Wissen Deutsche Literaturgeschichte .... Best.-Nr. 94405
Abitur-Wissen Prüfungswissen Oberstufe .... Best.-Nr. 94400
Kompakt-Wissen Rechtschreibung ...... Best.-Nr. 944065
Lexikon Autoren und Werke .... Best.-Nr. 944081

(Bitte blättern Sie um)

Englisch Interpretationen

Interpretationshilfen zu Einzellektüren:

Albee:
Who's afraid of Virginia Woolf? .... Best.-Nr. 2500101
Atwood: *The Handmaid's Tale* .... Best.-Nr. 2500181
Auster: *Moon Palace* .... Best.-Nr. 2500031
Boyle: *The Tortilla Curtain* .... Best.-Nr. 2500131
Bradbury: *Fahrenheit 451* .... Best.-Nr. 2500141
20th Century English Short Stories .... Best.-Nr. 2500151
Golding: *Lord of the Flies* .... Best.-Nr. 2500051
Ishiguro: *The Remains of the Day* ...... Best.-Nr. 2500171
Lessing: *The Fifth Child* .... Best.-Nr. 2500071
Lodge: *Changing Places* .... Best.-Nr. 2500091
MacLaverty: *Cal* .... Best.-Nr. 2500161
Priestley: *An Inspector Calls* .... Best.-Nr. 2500081
Russell: *Educating Rita* .... Best.-Nr. 2500061
Salinger: *Catcher in the Rye* .... Best.-Nr. 2500111
Shakespeare: *Macbeth* .... Best.-Nr. 2500011
Shakespeare: *Romeo and Juliet* .... Best.-Nr. 2500041
Shaw: *Pygmalion* .... Best.-Nr. 2500121
Twain: *Huckleberry Finn* .... Best.-Nr. 2500021

Englisch Training

Übersetzungsübung .... Best.-Nr. 82454
Grammatikübung .... Best.-Nr. 82452
Themenwortschatz .... Best.-Nr. 82451
Grundlagen der Textarbeit .... Best.-Nr. 94464
Sprachmittlung .... Best.-Nr. 94469
Textaufgaben Literarische Texte
und Sachtexte – Baden-Württemberg Best.-Nr. 84468
Textaufgaben Literarische Texte
und Sachtexte .... Best.-Nr. 94468
Grundfertigkeiten des Schreibens ...... Best.-Nr. 94466
Sprechfertigkeit mit CD .... Best.-Nr. 94467
Englisch – Übertritt in die Oberstufe .. Best.-Nr. 82453
Abitur-Wissen
Landeskunde Großbritannien .... Best.-Nr. 94461
Abitur-Wissen Landeskunde USA ...... Best.-Nr. 94463
Abitur-Wissen Literaturgeschichte ...... Best.-Nr. 94465
Kompakt-Wissen Abitur
Themenwortschatz .... Best.-Nr. 90462
Kompakt-Wissen Kurzgrammatik ...... Best.-Nr. 90461

Latein Training

Abitur-Wissen
Lateinische Literaturgeschichte .... Best.-Nr. 94602
Wiederholung Grammatik .... Best.-Nr. 94601
Wortkunde .... Best.-Nr. 94603
Kompakt-Wissen Kurzgrammatik ...... Best.-Nr. 906011

Französisch Interpretationen

Französisch – Interpretationshilfen 1 Lyrik

22 Musterinterpretationen weltberühmter Gedichte aus unterschiedlichen Epochen u.a. von: Ronsard, Corneille, La Fontaine, Voltaire, Hugo, Baudelaire, Verlaine, Rimbaud, Mallarmé, Valéry, Apollinaire, Aragon, Eluard

■ .... Best.-Nr. 94507

Französisch – Interpretationshilfen 2 Prosa

Montesquieu, *Lettres persanes;* Voltaire, *Candide;* Rousseau, *Discours sur l'inégalité;* Stendhal, *Le Rouge et le Noir;* Balzac, *Le Père Goriot;* Hugo, *Les Misérables;* Flaubert, *Madame Bovary;* Zola, *Germinal;* Duras, *Hiroshima mon Amour;* Jules Verne, *Le Tour du monde en 80 jours;* Saint-Exupéry, *Vol de nuit;* Pagnol, *Le Château de ma mère;* Camus, *L'Etranger* etc.

■ .... Best.-Nr. 94508

Französisch – Interpretationshilfen 3 Drama

Corneille, *Le Cid;* Molière, *Le Malade imaginaire;* Racine, *Phèdre;* Beaumarchais, *Le Barbier de Séville;* Courteline, *Boubourouche;* Claudel, *Partage de Midi;* Romains, *Knock;* Pagnol, *Topaze;* Cocteau, *La Machine infernale;* Giraudoux, *La guerre de Troie n'aura pas lieu;* Anouilh, *Antigone;* Montherlant, *La Reine morte;* Sartre, *Les mains sales;* Beckett, *En attendant Godot;* Tardieu, *Théâtre de chambre;* Ionesco, *Rhinocéros*

■ .... Best.-Nr. 94509

Interpretationshilfen zu Einzellektüren:

Camus: *L'Etranger/Der Fremde* .... Best.-Nr. 2550041
Sartre: *Huis clos/*
Geschlossene Gesellschaft .... Best.-Nr. 2550051

Französisch Training

Landeskunde Frankreich .... Best.-Nr. 94501
Themenwortschatz .... Best.-Nr. 94503
Literatur .... Best.-Nr. 94502
Textarbeit Oberstufe .... Best.-Nr. 94504
Abitur-Wissen Literaturgeschichte ...... Best.-Nr. 94506
Kompakt-Wissen Abitur
Themenwortschatz .... Best.-Nr. 945010
Kompakt-Wissen Kurzgrammatik ...... Best.-Nr. 945011

Fachübergreifend

Richtig Lernen – Tipps und
Lernstrategien für die Oberstufe .... Best.-Nr. 10483
Referate und Facharbeiten
für die Oberstufe .... Best.-Nr. 10484
Training Methoden – Meinungen äußern,
Ergebnisse präsentieren .... Best.-Nr. 10486

Bestellungen bitte direkt an: **STARK Verlagsgesellschaft mbH & Co. KG**
Postfach 1852 · 85318 Freising · Tel: 08161 / 179-0 · FAX: 08161 / 179-51
Internet: www.stark-verlag.de · E-Mail: info@stark-verlag.de

STARK